Après

Six femmes pour un monde différent

Juliette Hirsch
Florence Noiville

Après

Six femmes pour un monde différent

Stock

Une partie des bénéfices de cet ouvrage sera reversée à l'association Women Now for Development.

https://women-now.org/

Couverture © Julia Bourdet

ISBN 978-2-234-09107-8

Juliette Hirsch a d'abord étudié le journalisme avant de s'intéresser aux relations internationales et aux politiques publiques. Lauréate de l'« Académie Notre Europe » de l'Institut Jacques Delors, elle est diplômée de la London School of Economics et de University College London.

Florence Noiville, journaliste au *Monde* et écrivaine, elle avait déjà signé un essai remarqué après la crise économique de 2008, *J'ai fait HEC et je m'en excuse* (Stock, 2009). Après la crise du Covid-19, elle reprend la plume. Pas toute seule cette fois, mais avec sa fille qui, comme elle, n'a pas envie de vivre dans un monde qui s'auto-disloque ou sombre dans le populisme.

« Impossible, c'est la définition d'un événement jusqu'au moment où il se produit. »

Erri De Luca,
Impossible[1]

« Ce n'est pas parce qu'on n'a pas les réponses qu'il ne faut pas se poser les questions. »

Proverbe indien

1. Gallimard, 2020, traduction de Danièle Valin.

AVANT-PROPOS

Donner ses chances à l'impossible. Cela aurait pu être le titre de notre livre. Au moment où nous l'avons entrepris, l'une penchait plutôt du côté de la chance, l'autre de l'impossible. Ou, pour être plus exacte, l'autre avait des doutes, mais une forte envie d'y croire, à l'impossible.

C'était au printemps 2020. De manière imprévue, nous nous trouvions réunies dans une cuisine, à Paris. Mère et fille. Juliette, 25 ans, qui, normalement, vit à Londres où elle termine un master de politiques publiques, et Florence, une bonne trentaine d'années de plus, parisienne, journaliste. La première précipitamment rentrée à Paris pour cause de Covid-19, la seconde télétravaillant pour la même raison. Un long et privilégié tête-à-tête commençait.

Ce jour-là, nous avons entendu le directeur général de l'OMS déclarer : « Cette pandémie est une crise sanitaire comme on n'en voit qu'une par siècle et ses effets seront ressentis pour les décennies à venir. » Nous partagions la sidération collective. Après tout, c'était le premier phénomène naturel aigu qui nous forçait à remettre en cause des comportements que nous considérions jusqu'alors comme naturels : prendre un billet d'avion pour partir en reportage à l'autre bout du monde, se réunir avec des camarades dans un amphithéâtre pour étudier – ce qui se fait tout de même depuis la Grèce antique –, ou simplement, s'embrasser au moment de se retrouver. Bref, si d'autres pandémies avaient dans le passé causé bien plus de victimes en valeur absolue que celle-ci n'en causerait peut-être – c'était du moins ce que nous espérions – il y avait là, à l'évidence un élément de nouveauté radicale.

Nous comprenions aussi que ce phénomène qui nous échappait était amplifié par un contexte différent des précédents épisodes épidémiques. Planète hyperurbanisée, frontières abolies comme jamais, mouvements incessants de populations dus aux voyages et aux migrations : ce virus ne connaissait aucune limite, juste des facteurs facilitants ! Avec, pour corser le tout, un troublant brouillage de nos repères. Le loin et le proche, le courage et la couardise : tout semblait inversé désormais. Le « loin des yeux, loin du cœur » devenait « loin de moi, gage d'amour ». Le vrai courage ne consistait pas à aller braver l'ennemi la poitrine en avant, mais au contraire à rester chez soi.

Au fil des semaines, alors qu'il devenait de plus en plus manifeste que cette situation allait durer – nous voyions la science et la médecine désarmées, sans parade réelle, un goutte-à-goutte d'angoisse qui nous était perfusé en continu – les médias commencèrent à marteler que nos vies avaient pris un tournant, qu'elles ne seraient plus jamais les mêmes.

« Après ne sera jamais plus comme avant. » Dieu sait si nous l'avons lu et entendu cet oracle ! Mais cet « après », nous savions que nous n'en savions rien. Même la notion d'avant/après nous paraissait floue. Jusqu'alors, nous étions plutôt dans un avant infini, un avant qui n'en finissait pas d'être un avant. Nous étions encore dans une montée lente et apparemment inéluctable de périls en tous genres : le réchauffement de notre planète, le recul de la démocratie, le chômage de masse, la dette abyssale, l'Europe qui se délite, les espèces qui disparaissent, la Méditerranée devenue un cimetière pour les migrants, la concentration inouïe des richesses entre les mains de quelques-uns, la haine et le populisme qui se répandent, les fake news qui semblent avoir gagné la partie contre la culture de la connaissance... Certes, nous étions bien dans « l'après » puisque quelque-chose d'inédit avait eu lieu, mais dans « l'avant de l'après » si l'on peut dire ou juste « après l'avant », incapables d'appréhender ce qui nous pendait au nez, nez que nous avions par ailleurs bien du mal à décoller du présent ! Bref, le noir total.

Nous nous retrouvions pour déjeuner dans la cuisine et spéculions sur ce monde d'après lesté par l'inquiétant héritage de celui d'aujourd'hui, mais nous n'en tirions pas les mêmes conclusions.

— Tu connais cette phrase de Churchill : « *Never let a good crisis go to waste* » ?

— « Il ne faut pas gaspiller une bonne crise », c'est ça ? Belle formule. Tu penses qu'il avait raison ?

— En tout cas, dans mon domaine, quand je vois les appels catastrophés des organisations internationales, des chercheurs et des ONG, je me dis pour la première fois qu'il y a peut-être une chance que la crise fasse avancer les politiques publiques. Qu'elle soit un *push factor*, comme disent les Anglo-Saxons.

— Mmmm…

— Tu te souviens de ton copain grec ? Takis ? Il nous avait fait tout un discours sur le mot crise. La crise en grec, c'est l'opportunité. Il racontait même qu'il existe une expression, « avoir de la crise », qui signifie en gros « avoir du ressort ».

— Je sais, l'argument est séduisant, mais j'ai peur qu'à chaque crise, on ne nous le resserve.

Pour les subprimes, en 2008-2009, certains disaient ça aussi. J'ai cru moi même que les fondements de l'économie allaient bouger, qu'on chercherait à les réévaluer pour leur donner plus de sens. Et puis le « *business as usual* » est revenu au galop.

— Écoute, j'ai lu une interview que Takis avait donnée pendant les subprimes justement. Il disait que la Grèce était devenue « comme une boîte de nuit au bord de l'implosion » et que lui, pour ne pas devenir fou, relisait Platon. Comme il aurait fait de la gymnastique, une gymnastique mentale. Mais aussi parce que Platon était l'exemple même de quelqu'un qui avait su traverser de façon fructueuse des temps difficiles. Tiens, écoute sa conclusion : « Je me dis qu'au Vᵉ siècle avant J-C, dans une Athènes accablée, en proie aux ténèbres et aux épidémies, ces gens sont passés par des situations bien plus difficiles que les nôtres et ont su créer des merveilles. Alors, pourquoi pas nous ? »

Pourquoi pas nous ? Entre optimisme et scepticisme, nous voyions bien que nos oppositions étaient un peu simplistes. Mais – et cela faisait partie de nos frustrations –, le monde qui nous entourait ne cessait de nous enfermer lui aussi dans des choix binaires. Oui, la sécurité sanitaire, mais l'économie ? Oui, l'environnement, mais la croissance ? Oui, la justice sociale, mais le réalisme ? Oui, des États forts, mais les libertés publiques ? Difficile de croire à l'absence d'alternatives. Pourtant, nous butions et rebutions sur ces clivages, c'était frustrant.

Un jour, pour sortir de l'impasse, nous avons eu l'idée de les poser à d'autres, toutes ces questions qui nous taraudaient. Mais d'autres un peu différents de ceux et celles que nous avions l'habitude d'entendre. Et puisque nous sommes mère et fille, et que nous croyons à l'énergie du féminin, pourquoi ne pas les poser à des femmes ? Des femmes de toutes les générations, de tous les continents, travaillant dans tous les domaines, connues ou inconnues, mais des femmes susceptibles d'en inspirer d'autres.

Tout en nous gardant bien de faire du « *benevolent sexism* » – cette pratique qui consiste à attribuer aux femmes des attitudes spécifiques ou des différences « fondamentales », présupposer, par exemple, qu'elles seraient plus réceptives aux émotions des autres ou plus empathiques que les hommes, ou bien qu'elles montreraient une plus grande aversion au risque et à la violence –, nous voulions savoir à quoi ressemblaient leurs réflexions, un peu partout dans le monde, en ces moments si singuliers. Nous avons à dessein sélectionné des femmes vivant dans des pays touchés par le coronavirus. Comment le vivaient-elles ? Croyaient-elles à ce

« monde d'après » ? Et si oui qu'en attendaient-elles ?

Si le virus était notre porte d'entrée, il n'était pas notre unique fil conducteur. Ces femmes qui avaient l'air de savoir où elles allaient, nous voulions découvrir quels vents favorables avaient fait d'elles ce qu'elles étaient et comment aujourd'hui elles envisageaient « l'après ». En un mot, nous voulions qu'elles nous révèlent ce qui les faisait espérer, croire, imaginer, avancer, douter, rire, déprimer ou rêver.

À qui parler ? Comment ? Parmi toutes les femmes qui nous impressionnaient, il a fallu d'abord faire un choix ardu pour n'en retenir que six. Mais notre frustration de devoir renoncer à toutes les autres, a été compensée par la surprise de voir nos « élues » emballées par ce projet. Peut-être parce que nos questions résonnaient avec leurs propres interrogations ? Elles ont tout de suite été partantes pour s'exprimer ensemble, non pas d'une seule voix, mais dans une polyphonie.

Nous entendrons ici la navigatrice Isabelle Autissier, première navigatrice à avoir accompli un tour du monde en solitaire et présidente du WWF France, la Franco-Américaine Esther Duflo, prix Nobel d'économie et spécialiste de la pauvreté dans le monde, la Rwandaise Godelieve Mukasarasi qui, pour son engagement lors du génocide, a été désignée « Femme de courage », la romancière chinoise Fang Fang dont le Journal tenu à Wuhan lors de la pandémie a fait le tour du monde malgré l'hostilité des autorités de son pays, la généticienne brésilienne Mayana Zatz qui travaille notamment sur le virus Zika, et enfin la philanthrope Melinda Gates dont la fondation investit massivement dans la santé mondiale et le développement.

Pourquoi elles ? Parce que nous pressentions qu'elles chambouleraient quelques-unes de nos idées reçues (par exemple, nous avons été surprises d'apprendre par Godelieve Mukasarasi que le Rwanda était un pays pionnier en matière de parité – il a été le premier *au monde* à atteindre une majorité de femmes au Parlement – et qu'il reste actuellement leader dans la lutte contre le plastique à usage unique). Mais aussi parce que le parcours de ces femmes semblait nous suggérer qu'elles n'étaient prisonnières de rien – ni de grandes théories, ni de conventions ou de concepts tout faits, ni de circonstances politiques, encore moins du genre qui était le leur. Enfin et surtout, parce qu'elles avaient fait et continuaient de « faire » des choses. Pendant toute cette crise, nous avions en effet en tête les millions de femmes – infirmières, médecins, caissières, etc. – qui « faisaient » en silence, un peu comme leurs aînées avaient fait tourner leurs pays pendant les guerres mondiales. Nous n'opposions pas dire et faire bien sûr. Mais nous avions rapporté d'Oslo un magnet, qui est toujours collé sur le frigidaire ; une phrase de la prix Nobel nigériane Wangari Maathai. « *Until you dig a hole, plant a tree, water it and make it survive, you haven't done a thing, you are just talking*[1]. »

Oui, au fond, c'était peut-être cela qui nous attirait le plus : les six interviewées de cet ouvrage sont des « *doers* » comme disent les Anglo-Saxons, des femmes qui agissent. Dans des circonstances très diverses, elles ont su trouver la force, le courage, les idées et la persévérance nécessaires pour surmonter les difficultés, « créer des merveilles malgré les ténèbres ». Ce qui ne les empêche pas, au contraire, de dire et de redire tranquillement, avec humilité, pragmatisme et bon sens, des choses simples, essentielles, que nous n'entendons jamais assez. Elles savent qu'il n'existe pas de solution miracle mais elles croient à des utopies réalistes, à un « humanisme vital[2] ». Pour panser notre monde malade, elles savent qu'il nous faut maintenant un autre horizon que celui qui consisterait à attendre la prochaine crise.

Un dernier mot sur la méthode. Nous qui adorons voyager, nous avons dû nous résoudre à ne

1. « Tant que tu n'as pas creusé un trou, planté un arbre, et que tu ne l'as pas arrosé, tu n'as rien fait, tu n'as fait que parler. »

2. Selon la formule du philosophe Frédéric Worms.

les rencontrer que virtuellement. Or il n'est pas facile, à l'écran, de créer la confiance nécessaire a une longue interview. De La Rochelle à Boston, de Kigali à Seattle, et de Wuhan à São Paolo, chacune de ces femmes a pourtant généreusement joué le jeu, puisant parfois dans son expérience la plus intime pour nous répondre et acceptant qu'une partie des profits du livre soit reversée à l'ONG « Women Now for Development » fondée par l'écrivaine syrienne Samar Yazbek. Hormis Fang Fang, à qui nous avons envoyé nos questions par courriel, chacune a aussi joué le jeu de la conversation spontanée, non préparée. Nous voulions ainsi donner à qui lirait ces dialogues l'impression de participer en direct à la conversation.

Si ces femmes, qui ont su conquérir leur place à la force de leurs réalisations, ne sont pas entendues, qui le sera ? Leurs plaidoyers sonnent parfois comme ceux de la dernière chance. Ils furent pour nous de véritables rais de lumière. Des paroles refuges pour temps d'incertitude.

JULIETTE HIRSCH et FLORENCE NOIVILLE

MAYANA ZATZ

« Dans certaines conditions,
un virus pourrait aussi soigner. »

Un jour, alors que la Brésilienne Mayana Zatz donnait un cours de génétique à la faculté de médecine de São Paulo, une jeune étudiante a levé la main. « Est-il vrai que vous avez été couronnée par le prix L'Oréal-Unesco pour les Femmes et la Science ? Je veux le remporter moi aussi ! » Rien ne pouvait ravir davantage la scientifique. Née en Israël de parents d'origine roumaine et installée de longue date au Brésil, cette chercheuse en génétique ne manque jamais une occasion de transmettre aux jeunes générations sa passion pour les possibilités infinies de sa discipline.

Appelée par le gouvernement brésilien pour travailler sur le coronavirus, elle a dû mettre en sommeil les projets qui l'occupaient jusqu'alors. Par exemple l'hypothèse selon laquelle le virus Zika – qui, en 2015, a infecté plus d'un million de personnes au Brésil – pourrait être utilisé dans le traitement de certaines tumeurs au cerveau. Des recherches encore embryonnaires mais qui montrent que l'« après » d'une épidémie peut aussi être porteur d'espoir. Et même que, dans certaines conditions restant à confirmer, un virus, paradoxalement, contribuer à sauver des vies.

Vous participez à l'effort de recherche sur le coronavirus au Brésil. Quelle est exactement la nature de vos travaux ?

Quand la crise du Covid-19 s'est déclenchée, ce qui m'a frappée ce sont les contrastes observés chez les patients infectés. Avant la pandémie, je travaillais sur le virus Zika où, à la différence du Covid-19, les personnes touchées ont des symptômes très légers, voire inexistants. Ce n'est donc pas un virus très dangereux, contrairement au Covid-19. Cette fois, le spectre est beaucoup plus large : d'un côté on trouve des formes très graves et mêmes mortelles, et de l'autre on voit des patients aux effets très légers, et même des personnes asymptomatiques. J'ai été particulièrement intriguée par le cas de mes voisins, un couple de septuagénaires. Au début du mois de mars, le mari était très malade. Sa femme s'est occupée de lui pendant deux semaines, chez eux. Elle n'avait aucun symptôme, rien du tout. Quand ils sont allés faire le test, lui était positif pour le virus et pour les anticorps, et elle était complètement négative, même pour la sérologie. La première chose que je me suis dite, c'est que le test de sérologie ne devait pas être très bon. Mais ensuite, nous avons découvert que cela se produisait partout dans le monde. Nous savons donc maintenant qu'il y a deux types de personnes parmi celles dont on pourrait penser à première vue qu'elles n'ont pas contracté le virus : les asymptomatiques, dont le test de dépistage du virus est positif et celui des anticorps aussi, mais qui ne développent aucun symptôme. Et puis il y a les personnes qui sont en contact, même très étroit, avec le virus et dont tous les tests sont négatifs. On les appelle les « résistants ». Nous ne connaissons pas le nombre de ces personnes au sein d'une population donnée, mais ce que je cherche à comprendre c'est pourquoi elles sont résistantes et la fréquence de cette résistance. Pour cela, nous collectons en ce moment des échantillons à travers tout le Brésil.

Vous travailliez donc déjà sur d'autres virus avant cette pandémie ? Qu'est-ce que cela vous a permis de montrer qui puisse éventuellement faire progresser la recherche actuelle ?

Avant la crise du coronavirus, mon équipe et moi travaillions comme je le disais sur le virus

Zika. En 2015, alors que la pandémie du Zika battait son plein au Brésil (on estime à plus de 1,5 million le nombre de cas recensés), le directeur de Fapesp, l'agence brésilienne de financement scientifique, a appelé scientifiques et dirigeants pour réfléchir à des solutions. Au début, je me suis demandé pourquoi on m'avait appelée. Je ne suis pas infectiologue. Et puis, après avoir étudié les symptômes dont souffraient certains bébés infectés et pas d'autres, je me suis intéressée à une possible cause génétique, que nous avons pu confirmer par la suite. Ce travail a montré que la génétique et l'infectiologie pouvaient s'entrecroiser. Mais le plus intéressant, c'est ce que nous avons fait après. Ce que nous observions, c'est que le virus détruisait particulièrement les cellules progénitrices neurales – c'est-à-dire, des cellules qui, comme les cellules-souches, peuvent donner naissance à des cellules spécialisées de neurones. Or nous savons que les tumeurs cérébrales sont très riches en ces cellules progénitrices neurales. Nous avons donc décidé de voir si le virus détruirait aussi les tumeurs cérébrales. D'abord *in vitro* avec des lignées de tumeurs, puis avec des modèles animaux. Nous avons injecté le virus Zika à des souris cancéreuses, dont l'espérance de vie était de deux semaines. Chez un tiers des souris qui avaient des tumeurs, celles-ci ont complètement disparu. Complètement. Je ne peux pas vous dire l'émotion qui a été la nôtre en voyant cela. Dans deux tiers des cas, la tumeur avait diminué, et dans tous les cas, la durée de vie avait augmenté. Et puis la dernière étude que nous avons faite, juste avant la pandémie, portait sur des chiens, qui avaient eux aussi des tumeurs cérébrales. Nous avons traité trois chiens avec Zika. La bonne nouvelle, c'est qu'ils n'ont eu aucun effet secondaire. L'un d'entre eux était déjà très âgé, dans un état pré-comateux, mais nous avons pu prolonger l'existence des deux autres de plusieurs mois, en améliorant leur qualité de vie. Pour l'instant, nous avons dû interrompre ce projet à cause du Covid-19, mais nous voulons le reprendre et l'approfondir. Il pourrait confirmer cette découverte qu'un virus, dans certaines conditions, peut aussi soigner. Et pas n'importe quelle maladie puisqu'il s'agit de tumeurs. Ce qui montre que l'« après » d'une pandémie peut être aussi porteur d'espoir.

C'est intéressant que, dans l'incertitude générale, vous insistiez surtout sur l'espoir…

C'est crucial. Beaucoup d'idées fausses circulent en ce moment. Heureusement, la presse nous accorde beaucoup de place, à nous scientifiques, pour parler, clarifier, expliquer. Même si les médias brésiliens, comme les autres, aiment avant tout mettre en avant le nombre des morts, j'essaie de montrer qu'il faut les replacer dans un contexte. Si vous prenez le Brésil qui compte plus de 200 millions de personnes, même avec 100 000 morts, on arrive à un ratio de 1 décès sur 2 000. Alors, je prends la très basique comparaison habituelle et je dis à mes compatriotes effrayés : « Écoutez, votre risque de mourir du coronavirus est de 1 sur 2 000. Vous ne traverseriez pas la rue si je vous disais que vous avez un risque de 1 sur 2 000 d'être renversé par une voiture ? » Il est capital de faire entendre un point de vue différent : chaque mort est une tragédie, mais il va falloir continuer, ce qui veut dire peser, évaluer, s'adapter. L'adaptation, il est vrai, peut être douloureuse. Pour nous les premiers. Nous, scientifiques, avons dû cesser nos recherches pendant le confinement. Nous sommes en train de reprendre lentement. Je continue à collecter des échantillons, mais le travail en laboratoire est difficile. La crise a beaucoup impacté notre situation économique, nos fonds pour la recherche. Nous avons subi une réduction très importante de nos financements et ne disposons plus désormais que de très peu de moyens. C'est un gros problème et je suis assez inquiète quant à la façon dont nous allons nous remettre sur pied économiquement. Parce que beaucoup de gens ici ont perdu leur emploi et que les revenus des ménages continueront de baisser. Or, au Brésil, le financement de la recherche dépend directement de l'impôt sur le revenu. On commence tout juste à voir quelques grandes banques brésiliennes octroyer des financements aux chercheurs. Mais pour l'instant, c'est de l'argent uniquement destiné à la recherche sur le coronavirus, et je suis inquiète pour la recherche en général. Alors qu'aux États-Unis les entreprises privées et les philanthropes donnent de l'argent pour la recherche, ce n'est pas le cas au Brésil. Cela pourrait pourtant faire toute la différence, mais le gouvernement ne les y incite pas.

La presse occidentale est très critique à son propos. Quelle est votre opinion ? Est-il un facteur aggravant dans cette crise ?

Je suis très déçue par le gouvernement de Jair Bolsonaro, mais le précédent était également terrible. Je sais qu'en France, les gens aiment Lula. Mais vous ne pouvez pas imaginer le niveau de corruption qui régnait sous Lula, vraiment, vous ne pouvez pas l'imaginer. Et donc les électeurs ont fait le chemin classique, ils sont passés de l'extrême gauche à l'extrême droite. Or je pense que ces deux extrêmes ont tort. Il faut préserver un équilibre. Ceux qui ont voté pour ce gouvernement sont très déçus, parce que Jair Bolsonaro est complètement perdu. Il n'était pas préparé à la présidence, il ne sait pas ce qu'il fait. J'ai bien peur que nous les Brésiliens ne l'apprenions de plus en plus à nos dépens, c'est-à-dire à la dure…

Vous qui misez sur l'espoir, tout cela est quand même très sombre…

Encore une fois, il faut faire preuve de nuance. La situation brésilienne se détériore, certes, mais ce n'est pas nouveau. C'est le cas depuis cinq ou six ans. Et pour revenir à notre président, là aussi il faut être précis et peser ses mots. Les médias occidentaux disent que Bolsonaro est un fasciste, ce n'est pas vrai. La démocratie brésilienne est une réalité. Tout comme la liberté – la liberté de la presse notamment, même si Bolsonaro n'est pas assez intelligent pour bien traiter les journalistes, lesquels en retour ne disent que du mal de lui. Mais il faut vraiment essayer de départir le vrai du faux. C'est une responsabilité que nous avons tous et c'est peut-être à cet égard que toutes les fake news qui ont circulé et circulent encore sur le Covid doivent plus que jamais nous en faire prendre conscience. Je me souviens d'avoir lu dans un journal français il y a quelque temps qu'une parade gay était organisée au Brésil contre notre président, ce qui n'était pas vrai. Cette parade de 3 millions de personnes existe depuis des dizaines d'années. Éduquer à filtrer les messages fait aussi partie des dossiers brûlants de l'après-Covid. De même que la responsabilité des médias. Mais cela nous éloigne de notre propos.

Peut-être pas tant que cela. Attardons-nous un instant sur cette nécessité de filtrer l'information. Pensez-vous que cela fasse partie de votre travail de scientifique d'éduquer le public en communiquant sur des sujets complexes ? Il faut signaler que vous vous êtes déjà investie dans l'aspect politique de la science, lorsque vous avez travaillé à la modification de la loi sur les cellules-souches embryonnaires. Le faites-vous toujours ? Comment avez-vous décidé de vous impliquer dans ce processus politique et comment cela s'est-il passé ?

Quand je me suis battue devant le Sénat pour que la recherche sur les cellules-souches embryonnaires soit autorisée, je l'ai fait pour les patients, qui voulaient pouvoir dire qu'ici, au Brésil, ils pouvaient bénéficier des mêmes progrès scientifiques que dans le reste du monde.

C'est pour cela que je me suis battue. Et chaque fois que j'aurai l'occasion de me battre pour quelque chose qui est important pour la population, je le ferai. En revanche, je ne m'implique pas du tout dans des débats politiques extérieurs à la science. Il est trop important à mes yeux de se concentrer d'abord et avant tout sur le champ scientifique et ses enjeux. Du reste – et c'est une autre retombée positive de cette crise du Covid-19 –, le public est ici, de plus en plus, en demande de validations solides. Le niveau de confiance dans nos disciplines augmente. Peut-être même que les jeunes dans les années qui viennent seront plus nombreux à se tourner vers des carrières scientifiques.

Justement, au Brésil, vous êtes un « *role model* », une source d'inspiration pour beaucoup de jeunes scientifiques. Vous-même, à leur âge, aviez-vous en tête un exemple inspirant ?

Quand j'ai commencé mes études, il n'y avait pas beaucoup de femmes scientifiques auxquelles s'identifier. C'est Marie Curie qui m'a inspirée, d'abord parce que ses travaux ont transformé notre monde, et ensuite parce qu'elle avait reçu le prix Nobel ! Et même deux fois ! Rien que cela, c'est encore rare de nos jours. Si vous comparez le nombre d'hommes et de femmes nobélisés, surtout chez les scientifiques, vous constaterez qu'il existe encore un fossé énorme. Au total, on compte seulement 53 femmes pour 866 hommes. Mais je pense que les choses vont changer. Aujourd'hui, les femmes brésiliennes sont beaucoup mieux acceptées en tant que scientifiques, bien plus qu'elles ne l'étaient auparavant. En biologie, leur nombre est même supérieur de 30 % à celui des hommes. Cela surprend toujours quand je dis qu'il n'y a pas de discrimination envers les femmes scientifiques au Brésil, en tout cas pas en biologie. Peut-être en physique et dans d'autres domaines comme les mathématiques, mais pas dans les sciences biologiques. La première fois que j'ai vraiment ressenti de la discrimination à l'égard des femmes, c'est lorsque je faisais mon post-doc à UCLA, aux États-Unis. Là, j'ai vraiment été surprise. Je n'avais jamais vécu cela au Brésil.

Comment l'expliquez-vous ?

Tout d'abord, aux États-Unis, les salaires sont négociés avant l'embauche, alors qu'au Brésil, le salaire est associé au poste, indépendamment du sexe. Peu importe que vous soyez un homme ou une femme, si vous êtes professeur à l'université ou chercheur, les salaires sont les mêmes. Ensuite, aux États-Unis, il n'y a pas de congé maternité ou paternité. Au Brésil, les femmes enceintes peuvent bénéficier d'un congé maternité de six mois. Cela fait une grande différence, même s'il reste difficile de concilier carrière et maternité. Mais dans l'ensemble, les femmes de mon domaine ne peuvent pas vraiment se plaindre. Les difficultés que nous rencontrons sont les mêmes que celles que rencontrent les hommes et ce sera plus facile à chaque génération. Parmi les étudiants en médecine auxquels je donne des cours, il y a plus de femmes que d'hommes. Je pense qu'il est important d'avoir une bonne représentation des femmes en science. Aujourd'hui, nombre d'étudiants de mon centre de recherche sont des hommes, mais pendant longtemps, j'ai eu plus de femmes qui travaillaient avec moi. Finalement, je pense qu'avec la mixité on obtient une très bonne combinaison, une complémentarité. Parce que, pour mille raisons – génétique, épigénétique, éducation, social… –, les chemins qu'emprunte notre pensée sont différents.

Dans vos recherches, les déterminants sociaux jouent-ils également un rôle ? Tout comme on estime que des conditions de pauvreté préexistantes peuvent conduire à un

risque accru face au Covid-19, et ce, surtout en Amérique latine, certaines familles sont-elles davantage exposées à certaines maladies – au-delà de l'aspect génétique ?

Bien sûr, les difficultés des malades sont amplifiées par la pauvreté. C'est d'ailleurs en partie face à ce constat que j'ai créé l'Association brésilienne de dystrophie musculaire. Avant de partir pour les États-Unis, j'étudiais des patients porteurs de la mutation génétique de la myopathie de Duchenne, une maladie génétique incurable qui provoque une dégénérescence progressive de l'ensemble des muscles de l'organisme. Nous travaillions avec les malades, les mères, les sœurs, que nous informions des risques de transmission. À mon retour, j'étais curieuse de savoir ce que ces patients étaient devenus. Beaucoup avaient compris le risque encouru et décidé de ne pas avoir d'enfants pour ne pas leur transmettre la maladie. Mais ce qui m'a frappée, c'est l'état des enfants nés avant notre intervention. Ils n'avaient pas de fauteuils roulants, n'allaient pas à l'école, ne faisaient pas de rééducation. Personne ne s'occupait d'eux… La plupart venaient des favelas de São Paulo. Je me suis dit qu'il fallait faire quelque chose. Il y avait un besoin crucial de clarifier et d'informer les familles affectées par des maladies génétiques. Leur expliquer les mutations génétiques présentes dans leur famille, leur pronostic, les risques d'avoir un enfant affecté, et ce qui pouvait être fait pour améliorer la qualité de vie de tous ceux vivant avec des dystrophies ou d'autres maladies. J'ai commencé ce qu'on appelle du « conseil génétique ». Mais, contrairement à ce que ce mot suggère, les généticiens ne conseillent pas. Ils informent. Leur rôle est simplement de s'assurer que les patients ont bien toutes les cartes en main pour prendre des décisions éclairées. Mes patients me demandent souvent : « Que feriez-vous à ma place ? » Je ne peux pas répondre. La perception du risque, de la sévérité de la maladie, et de son influence sur le mode de vie est totalement subjective. Mais je me demande toujours si, en pratique, je ne transmets pas involontairement mes opinions ou mes sentiments par un geste ou un regard.

Le « conseil génétique » doit s'accompagner de son lot de questions éthiques. Et les réponses apportées, de plus en plus cruciales, façonnent le monde dans lequel nous nous apprêtons à vivre...

C'est exact et ces questions deviennent de plus en plus complexes avec les progrès de la science. Mais elles nc portent pas seulement sur les avancées scientifiques ou les frontières de la bioéthique, ce sont aussi des dilemmes du quotidien. Dans un domaine comme celui de la génétique médicale, où les découvertes se font si rapidement, il est impossible d'anticiper toutes les implications éthiques. Par exemple, bien qu'il ne s'agisse pas d'un test de paternité en soi, les tests ADN pour détecter des maladies déterminent souvent le lien génétique entre la personne testée et ses parents. Je peux vous donner l'exemple d'un couple qui est venu me voir parce qu'ils avaient un enfant atteint d'une maladie génétique, le syndrome de Prader-Willi, qui n'est généralement pas transmis génétiquement, mais lorsque c'est le cas, il est alors transmis par le père. Nous avons donc prélevé l'ADN des deux parents et de l'enfant, pour voir si le syndrome avait effectivement été transmis. Et ce que nous avons découvert, c'est que le père n'était pas le père, c'était une fausse paternité. Alors, que faire dans une telle situation ? Informer les parents et risquer de briser une famille ? Finalement, la famille n'est jamais revenue pour les résultats. La mère devait savoir qu'ils montreraient une fausse paternité. Ceci n'est qu'une illustration parmi d'autres des dilemmes éthiques auxquels je suis confrontée. Plus souvent qu'on ne le croit d'ailleurs. Des recherches menées aux États-Unis ont montré que dans environ 10 % des familles testées, le père présumé n'est pas le père biologique de l'enfant, ce qui peut modifier totalement le risque pour la future progéniture du couple. C'est pour ça que nous avons décidé d'une politique qui stipule que si nous trouvons une fausse paternité n'affectant ni la condition génétique, ni le risque pour les enfants, alors nous ne dévoilons rien. Dans le cas contraire, nous disons la vérité. Nous essayons généralement de le dire à la mère, de manière à ce qu'elle puisse gérer la situation par la suite.

Vous notez que ces questions morales deviennent chaque jour plus complexes avec les avancées de la science. Vous-même, vous est-il arrivé de vous interroger sur l'apport réel de la génomique dans certains cas ?

Oui. C'est même à la suite de ce genre de questionnement que nous avons décidé il y a plusieurs années de ne plus tester les enfants qui pourraient être porteurs asymptomatiques de maladies incurables ou de maladies qui ne se manifestent qu'à l'âge adulte, et ce, malgré l'insistance de certains parents. Dans ces cas précis, il n'y a aucun avantage à savoir. S'il est testé positif, vous faites peser sur l'enfant l'angoisse d'une terrible épée de Damoclès. Mais vous le privez aussi de la possibilité d'effectuer lui-même un jour le choix d'être testé ou non, et donc de savoir s'il est ou non porteur d'un gène pathogène. Or notre expérience montre que les jeunes adultes préfèrent ne pas être testés lorsqu'ils comprennent que rien ne peut être fait pour les aider au cas où ils seraient testés positifs. Par ailleurs, beaucoup de gens qui viennent nous voir sont déçus, ils surestiment les capacités de la génétique et viennent nous demander des choses impossibles. Ils imaginent que nous vivons dans un film de science-fiction... Il y a beaucoup de malentendus et de fantasmes autour de la génétique. Et ces fantasmes alimentent aussi une peur du public. Bien sûr, certaines expérimentations peuvent faire froid dans le dos. Mais d'autres, à condition d'accepter de voir à long terme et de dépasser les réticences premières qui sont parfois spontanément les nôtres, peuvent s'avérer prometteuses pour la santé humaine.

Avez-vous un exemple ?

Oui, la xénotransplantation, un domaine sur lequel je me penche aussi. Nous modifions les gènes de porcs afin que leurs organes puissent être transplantés à l'homme, sans risque de rejet. Les porcs sont l'espèce dont les organes sont les plus semblables à ceux des humains. Ils permettraient de pallier le manque de donneurs et de sauver beaucoup de vies. Je pourrais aussi vous parler de souris qu'on a modifiées génétiquement pour que des oreilles humaines leur poussent dans le dos, des oreilles qui sont ensuite greffées à des enfants souffrant de malformations. Certains exemples paraissent plus ambivalents comme ce qui s'est produit en Chine en 2018 avec les « BBGM », Lulu et Nana, les premiers bébés issus de la modification génétique d'embryons. Encore que… l'objectif ultime mis en avant par la Chine était de désactiver un gène pour conférer à ces bébés une résistance à l'infection par le VIH. Qui sait si on ne pourrait pas un jour envisager des recherches similaires pour le coronavirus, dans l'hypothèse où l'on ne trouverait à terme aucun vaccin… Bien sûr, il faut insister sur la nécessité d'avancer avec précaution dans ce champ du savoir. Mais les possibilités de progrès y sont si prodigieuses qu'une prudence excessive peut, à l'inverse, conduire à perdre des vies. Permettez-moi une mauvaise comparaison : imaginez un conducteur d'ambulance. Bien qu'il doive faire preuve d'une prudence extrême, comment doit-il réagir lorsque son patient risque de mourir s'il n'arrive pas à temps à l'hôpital ? Le conducteur ne doit-il pas accélérer coûte que coûte et signaler aux autres voitures qu'elles doivent s'écarter du chemin ?

Si l'on considère ces avancées rapides de la génomique, en quoi devons-nous nous préparer à un monde très différent, selon vous, dans les cinq ou dix prochaines années ?

Nous ne sommes qu'au commencement du projet de recherche international sur le génome humain. Déjà énormément de choses ont changé depuis le début de ce « Human Genome Project » auquel j'ai participé dans les années 2000. Aujourd'hui, vous pouvez diagnostiquer des troubles qu'il était impossible de détecter il y a encore quelques années. Par ailleurs se développe aussi une discipline nouvelle, la pharmacogénétique qui étudie la réponse d'un individu à un médicament donné, et qui va aussi révolutionner la façon dont on se soigne. Pour l'instant, lorsque vous prenez un nouveau médicament, vous ne savez pas complètement quel en sera l'effet. Certains patients peuvent bien réagir et d'autres pas du tout. Nous savons que cette réaction dépend en partie de nos gènes. Avec la médecine personnalisée, on pourra prescrire le bon médicament au milligramme près. En revanche, je ne sais pas combien de temps il faudra aux entreprises pharmaceutiques pour s'adapter. C'est bien plus facile pour elles de nous dire : prenez ce médicament et on jugera plus tard de tous ses effets.

Vous disiez qu'avec le temps, nous serions aussi de plus en plus capables de concilier longévité et qualité de vie…

Effectivement. J'ai vraiment beaucoup d'espoir. Mes recherches m'ont également menée à m'interroger sur les questions de longévité humaine. Tout comme on cherche des résistances au Covid-19, on s'intéresse aux gens qui semblent protégés des atteintes de la vieillesse. Ce que nous constatons par exemple, c'est qu'il y a des gens qui vivent jusqu'à cent ans, qui ne font jamais de sport, qui sont en surpoids et qui fument, mais qui peuvent encore être en bonne santé à cet âge. Quels sont leurs gènes protecteurs ? Peut-être les mêmes que ceux qui les protègent contre le coronavirus ? Il est en tout cas du plus grand intérêt d'étudier cela de près. D'autant que nous risquons d'être confrontés à d'autres pandémies dans le futur.

D'où la nécessité d'être préparés, mais de toute évidence pas comme nous pensions l'être avec le Covid-19...

Certes. Notons que, récemment, les grandes pandémies ont été limitées à la Chine ou à l'Afrique avec Ebola. Cette fois, c'est le monde entier qui est touché et c'est peut-être cela qui peut constituer un électrochoc pour nos façons de vivre. Mais pour vous dire l'entière vérité, je ne suis pas sûre qu'une fois la crise terminée, nous nous sentirons toujours aussi concernés. C'est ce qui s'est passé avec la grande grippe de 1917. Malgré les millions de morts, les choses sont peu à peu redevenues comme avant. Il est dans la nature humaine d'oublier, en particulier les mauvaises expériences : c'est une façon de se protéger.

... mais qui risque de nous précipiter la prochaine fois dans les mêmes errements. Qu'est-ce qui vous donne donc cet optimisme dont vous témoigniez au début de notre discussion ?

Considérez ne serait-ce que l'étude du génome humain, c'est une fascinante *terra incognita*. Imaginez que nous sommes peut-être en train de trouver un gène protecteur contre la dystrophie de Duchenne. Ou que nous tenons peut-être une piste, comme je vous le disais, pour traiter les tumeurs cérébrales avec le virus Zika ! Rien que ces deux exemples me plongent dans la plus grande excitation. Même si je sais qu'à peine un problème résolu, un autre surgira que nous n'avions pas prévu. J'ai dans mon bureau un poster qui résume cela parfaitement. C'est un singe qui se gratte la tête en disant : « Au moment où j'ai compris les réponses, ils ont changé toutes les questions. »

MELINDA GATES

« Si nous voulons remettre sur pied
la société rapidement, nous devons
combler l'écart entre les sexes. »

Melinda Gates a grandi au Texas, dans une famille nombreuse catholique. Son père, ingénieur dans l'aérospatiale, travaillait sur le programme Apollo. Marcher sur la Lune, repousser les frontières du possible : ces rêves ont bercé la jeune Melinda. Les jours de lancement, sa famille s'entassait dans la voiture pour aller voir la mise à feu des moteurs, le tremblement de la Terre, la fusée qui s'élevait. Aujourd'hui, l'informaticienne devenue la philanthrope la plus puissante au monde, reste fascinée par la métaphore de l'envol, l'instant où, débarrassés des forces qui les tirent vers le bas, les individus – et singulièrement les femmes – prennent leur essor. Elle a dû se battre, pourtant, pour que ses idées d'égalité des genres soient acceptées. Lors de sa carrière chez Microsoft d'abord, dans l'environnement de la « tech », particulièrement difficile pour les femmes. Mais aussi avec elle-même, en se libérant des dogmes de son éducation religieuse, pour défendre l'émancipation des femmes via la contraception dans les pays pauvres. Vingt ans après avoir créé la Fondation Bill et Melinda Gates qu'elle codirige, elle s'applique à ce que son travail ne soit pas enfermé dans le rôle stéréotypé où son mari Bill Gates serre la main d'un chef d'État, pendant qu'elle cajole des enfants, discutant en retrait de Sida et de contraception. Certaine qu'aucun défi mondial ne pourra être surmonté tant que la condition des femmes ne sera pas profondément améliorée, Melinda Gates dit ici sa confiance dans la génération suivante, et sa conviction que, dans l'après-Covid, les femmes seront « les architectes d'un monde nouveau ».

La survenue d'une pandémie mondiale ne vous a pas surprise. Vous avez été, avec votre mari Bill Gates, parmi les premiers à alerter sur ce risque dès 2015. Aujourd'hui, qu'est-ce qui vous inquiète le plus dans cette crise ?

Ce qui me préoccupe le plus, c'est la façon dont cette pandémie affecte les conditions de vie des femmes. Même si nous savons que davantage d'hommes meurent du Covid-19, les femmes sont touchées de manière disproportionnée par ce virus. D'abord, parce que ce sont elles qui dispensent les soins : elles représentent 70 % des personnels de santé dans le monde. Mais ce sont aussi elles qui s'occupent des personnes âgées.

Enfin, en période de crise, les femmes perdent leur emploi plus vite et plus facilement que les hommes. Pour toutes ces raisons, hommes et femmes ne sont pas égaux devant le Covid et je suis très préoccupée par la manière dont nous allons reconstruire la société. La question des inégalités est au centre de la crise, certes, mais parmi elles il y a ce fossé hommes/femmes que nous évoquons souvent et que nous n'abordons jamais vraiment. Or si nous voulons remettre sur pied la société rapidement, nous devons combler cet écart entre les sexes.

Vous parlez du tribut disproportionné que le Covid fait payer aux femmes dans le monde. Si l'on regarde un peu en arrière, c'était déjà le cas en Afrique au moment du virus Ebola. N'avons-nous donc rien n'appris de cette expérience ? De l'effet domino qui peut s'enclencher alors ?

C'est exact, avec Ebola nous avons eu une « pandémie de l'ombre » pour les femmes. Alors que la maladie en elle-même n'était pas plus dangereuse pour les femmes que les hommes, le taux de mortalité des femmes, lui, était plus élevé. Il y a différentes raisons à cela. La première, encore une fois, c'est la surexposition des femmes au virus, via leur rôle de soignantes ou, dans certains pays, leur vocation à s'occuper des morts. Une autre raison concerne la mortalité maternelle. À cause d'Ebola, les femmes ne se sentaient pas en sécurité dans les cliniques, et donc n'y allaient pas pour accoucher. C'est pour cela que, dans les pays touchés (Sierra Leone, Liberia et Guinée en tête), le nombre de décès en couches a grimpé à cette époque. J'aurais aimé que nous tirions toutes ces leçons d'Ebola. Heureusement, ces dysfonctionnements ont été signalés rapidement lorsque la crise du Covid a commencé. Mais cela n'a pas suffi. Même aux États-Unis, nous devons nous assurer que les établissements de santé soient perçus comme des endroits sûrs. Ce que j'ai vu dans certains pays, où l'on commence à se poser des questions importantes, m'incite à continuer. En Éthiopie, par exemple, où les femmes ne veulent souvent pas aller dans les centres de soins, on se demande comment les y amener. Comment faire parvenir les informations aux sages-femmes afin d'aider les femmes à accoucher en toute sécurité avec elles ? En plus de cela, certaines chaînes d'approvisionnement de contraceptifs se sont rompues dans plusieurs pays et beaucoup de jeunes femmes sont tombées enceintes sans l'avoir prévu. Il est essentiel aujourd'hui de reconstruire ces chaînes, sinon nous prévoyons potentiellement quinze millions de grossesses non planifiées juste à cause du Covid. Or un enfant non désiré enferme souvent une famille dans un cycle de pauvreté. Nous devons donc examiner ces questions de genre et ne pas se dire que ce sont des questions secondaires. Ce sont au contraire des questions fondamentales sur lesquelles nous nous devons de travailler.

Parlez-nous des FinTech[1] qui, selon vous, sont aussi un moyen de combler le fossé des inégalités hommes/femmes dans le monde. Pensez-vous que les programmes d'aides financières devraient en priorité cibler les femmes ?

La Banque mondiale prévoit que, en 2021, près d'un milliard de personnes recevront des transferts de fonds en ligne ou sur leur téléphone. Or, ce que nous savons, c'est que lorsqu'une femme a accès à son propre compte en ligne et que l'argent aboutit directement sur son compte, elle dépense l'argent au nom de tous les autres. Plusieurs études, notamment en Afrique subsaharienne, ont montré que les hommes et les femmes ne faisaient pas le même

1. FinTech est une contraction de « finance » et « technologie ». La technologie financière est un secteur d'activité qui déploie la technologie pour améliorer les activités financières.

usage d'une même somme. Les femmes ont tendance à l'investir dans la santé, celle de leurs enfants ou la leur, dans la nourriture pour la famille, bref, dans des dépenses orientées principalement vers les enfants et la communauté. Il est donc fondamental de s'appuyer sur ces systèmes, de les faire fonctionner. Il existe des exemples fabuleux prouvant l'intérêt de cette approche. Au Kenya, on a montré que lorsque les femmes avaient accès à cette monnaie digitale, elles avaient une probabilité plus grande de quitter le domaine agricole pour monter une entreprise. Plus généralement, l'inclusion financière rendue possible par la technologie dans tout le pays a amélioré le niveau de vie global de la population, en permettant à 2 % des ménages kenyans de sortir de la pauvreté. Ces projets requièrent l'utilisation de données et de chiffres, mais pour que tout cela puisse fonctionner, il faut aussi prendre en compte les nuances sociales et culturelles. Vous pouvez avoir la meilleure technologie du monde, si les gens ne sont pas prêts à l'accepter et à l'utiliser, elle ne sert à rien. C'est pour cela qu'il est primordial de s'assurer que les femmes ont leur propre compte, et non pas seulement un par ménage contrôlé par l'homme. Si on apprend aux femmes comment utiliser ce compte, alors ces transferts pourront vraiment avoir un effet profond au sein de différentes communautés.

La pandémie a-t-elle changé quelque chose dans votre façon de penser, de vivre, de travailler ? En d'autres termes, pensez-vous qu'on puisse parler d'un avant et d'un après-Covid ?

Absolument ! Je pense qu'il y aura un avant et un après-Covid. Nous allons voir ce qui émerge après, mais je pense que, déjà, la vie professionnelle a changé pour toujours. Vous me demandez comment cette crise m'a affectée : Bill et moi travaillons maintenant depuis chez nous alors que nous avions l'habitude de toujours voyager. Nous avons la chance de pouvoir le faire, c'est aussi simple que ça, mais je pense que pour la première fois dans la société américaine, les gens comprennent que s'ils ont un emploi de bureau, ils n'ont pas besoin d'être dans leur entreprise cinq jours par semaine. Pour la première fois aussi la société considère d'un autre œil une caissière d'épicerie ou un soignant et s'aperçoit qu'ils sont des « travailleurs essentiels ». Cela veut dire que nous devons les rémunérer comme tels, leur octroyer des congés maladie payés [ce qui n'est pas toujours le cas aux États-Unis], bref les soutenir beaucoup mieux que nous ne l'avons fait jusqu'à présent. Nous assisterons certainement à d'autres grands changements, mais d'ores et déjà en voilà un d'importance : le monde du travail s'est transformé à jamais.

Celui de la santé est lui aussi en pleine métamorphose. Pensez-vous que l'intelligence artificielle devrait jouer un rôle dans l'effort de lutte contre le virus et quid de l'intelligence artificielle dans l'avenir de la santé en général ? Êtes-vous préoccupée par les problèmes d'éthique et de qualité des données ?

La confidentialité est un point crucial dans le domaine de la santé et nous devons tous y faire très attention. Mais si elles sont utilisées de manière appropriée, les données peuvent vraiment nous aider à savoir comment agir et où. C'est incroyable de voir la façon dont la biologie et l'informatique peuvent se rejoindre, et de découvrir ainsi un autre point de vue sur les maladies et la santé mondiale, à travers la modélisation mathématique. Notre connaissance des problèmes s'en trouve alors transformée. Je vais vous donner un exemple. L'Afrique a annoncé, en août 2020, que le continent était enfin débarrassé de la polio. L'un des moyens qui a rendu cela possible a été l'acheminement du vaccin dans les zones rurales les plus reculées. Ce sont les données et la cartographie de ces données qui ont permis aux dirigeants des communautés de voir où les gens manquaient de vaccins. Dans les zones tribales, par exemple, il y avait des endroits complètement oubliés. Les données ont révélé ces lacunes, et les chefs de village ont pu s'assurer que tout le monde avait été atteint. De la même façon, le vaccin va être fondamental dans la réponse au Covid. Or le fait d'avoir de bonnes cartes pour savoir où il sera délivré, et s'il pénètre bien jusqu'aux endroits les plus reculés, est essentiel. Parce que, comme on dit en anglais, « Covid anywhere, Covid everywhere ».

Dans votre livre *Moment of Lift* (Michel Lafon, 2019), vous citez votre mère qui vous disait : « Si tu ne définis pas par toi-même ce que tu veux faire, d'autres choisiront à ta place. » Vous souvenez-vous de l'instant décisif où vous avez trouvé votre voix et senti que vous pouviez vous faire entendre ?

Quand j'étais jeune, au lycée, j'étais entourée de professeures, des femmes fortes, qui nous disaient que nous pouvions tout faire, étudier ce qui nous intéressait, et devenir qui nous voulions être. Ces messages ont eu pour moi une grande importance. Ils m'ont permis de me projeter dans l'étudiante en informatique que je suis devenue – il y avait très peu de femmes dans ce domaine à l'époque. Ils m'ont aidée aussi à me dire que je pourrais être compétente dans ce métier. Tout cela m'a conduite à une carrière dans la « tech » que j'ai absolument adorée.

Plus tard, à la fondation, dans mon travail sur la santé et la défense de la contraception – l'une des premières causes que notre fondation a soutenues –, il m'a fallu plus de temps. En premier lieu, j'ai dû lutter contre moi-même car j'avais grandi au sein d'une Église qui n'était pas favorable aux contraceptifs pour les femmes. Cela a été difficile. Je savais que les contraceptifs sont l'innovation salvatrice la plus à même d'éradiquer la pauvreté et d'autonomiser les femmes. Mais je savais aussi qu'en prenant fait et cause pour la planification familiale, j'allais m'exposer à des critiques auxquelles je n'étais pas habituée. J'ai dû réfléchir profondément avant d'en parler publiquement.

Comment avez-vous finalement décidé de le faire ?

Encore une fois, cela n'a pas été facile. Le sujet me rendait nerveuse. Dans mon for intérieur, pourtant, je n'avais aucun doute. Je savais parfaitement quels conseils je donnerais à mes filles quand elles seraient en âge de vouloir utiliser des contraceptifs. J'y étais absolument favorable. De même que j'étais favorable à ce que les femmes que je rencontrais au Malawi, au Niger, au Kenya…, et qui me confiaient leurs problèmes – elles avaient souvent du mal à nourrir les enfants qu'elles avaient déjà et n'en voulaient pas d'autres –, puissent accéder elles aussi à la contraception, aussi facilement que les femmes occidentales. Il fallait donc que quelqu'un se lève et dise quelque chose. En 2010, dix ans après la création de la fondation, j'ai pris la parole publiquement. J'ai écrit un article dans une revue scientifique, j'ai fait une conférence TED. J'ai même dirigé un grand groupe qui s'est réuni pour financer des contraceptifs au nom des femmes du monde entier. Avant cela, je ne me sentais pas capable de le faire. Le domaine était nouveau pour moi. Je ne me sentais pas légitime pour donner de la voix et, pour être honnête, je n'étais pas entourée des bonnes personnes pour m'aider à prendre conscience que j'en savais assez et que je pouvais le faire. Mais ensuite, en 2012, je me suis sentie suffisamment confiante pour commencer à parler vraiment au nom de toutes les femmes. Et je ne cesse de le faire depuis. Je pense que ce qui m'inspire, c'est d'être entourée de personnes qui croient en moi et qui, comme au lycée autrefois, me rappellent que je peux toujours apprendre de nouvelles choses, que je peux être douée dans un domaine. C'est quelque chose que je vois beaucoup lorsque je voyage. Je rencontre des groupes de femmes qui se réunissent, parfois à dix, vingt ou même à trente, et qui se rappellent qui elles sont, qui se donnent les moyens d'agir et qui s'élèvent mutuellement. Je crois énormément au pouvoir du collectif.

Vous et Bill Gates êtes l'une des principales cibles des théories du complot et des « fake news ». Comment cela affecte-t-il votre travail et même votre moral ?

Il est toujours décevant de voir la désinformation « prendre » et se répandre, alors que, nous le savons bien, ce dont les gens ont besoin, ce sont des faits, des résultats réels, qui leur permettent de se protéger et de rester en bonne santé. Nous essayons de faire passer le plus de messages possible pour rappeler que les vaccins ont sauvé des millions de vies humaines au fil du temps. Et que si le taux de mortalité infantile a diminué de moitié depuis 1990, c'est aussi grâce à eux. Les gens oublient parfois un peu vite à quel point ils en ont bénéficié.

Les acteurs se tournent souvent vers vous et votre fondation comme si vous étiez des experts en santé publique. Certains considèrent que c'est une bonne chose, d'autres que vous tenez les ficelles de la politique sanitaire dans le monde. Qu'en pensez-vous ?

Bill et moi ne parlons qu'en nous appuyant sur l'expertise que nous avons réunie autour de nous, c'est-à-dire celle de nombreux épidémiologistes et de scientifiques ayant déjà travaillé sur des vaccins et des pandémies. Nous nous faisons l'écho des informations que nous recevons de la communauté mondiale. Ensuite, et ce n'est pas toujours facile en philanthropie, il est important de s'assurer que vous recevez des critiques de fond. Des critiques sur ce que vous faites et non pas qui vous êtes. Bien sûr que ce n'est pas juste que nous ayons tant d'argent quand d'autres en ont si peu. Bien sûr que cet argent nous ouvre des portes et nous permet des choses qui seraient impossibles pour n'importe qui d'autre. Mais nous essayons de faire preuve de la plus grande transparence dans notre travail. Nous répétons depuis le début que notre fondation repose sur cette conviction que toutes les vies ont la même valeur. Cela signifie que tout individu devrait pouvoir, selon nous, grandir en bonne santé et avoir une vie productive, quel que soit son lieu de naissance. Ce sont les valeurs de la fondation depuis sa création. Et si Bill et moi avons accepté de faire entendre notre voix pendant cette période, même si c'est difficile, c'est en partie parce que nous voulons rappeler au monde qu'il ne s'agit pas seulement de nous et de nos familles dans ces pays à hauts revenus comme la France, le Royaume-Uni ou les États-Unis, mais que le monde entier est concerné. Les personnes qui souffrent le plus sont les plus vulnérables dans nos propres pays, mais aussi dans le monde entier. Et si nous nous rassemblons, comme nous avons su le faire pour d'autres vaccins, nous pourrons mettre fin à une grande partie de cette misère. Nous pouvons donner de l'espoir et permettre à ces pays de devenir des sociétés et des économies « normales ». Nous devons donc penser non seulement à nos propres pays, mais à tout le monde, partout.

La fondation Bill et Melinda Gates fête son vingtième anniversaire cette année. Rétrospectivement, quelles sont, selon vous, ses plus grandes réalisations ? Avez-vous des regrets ou quelque chose que vous feriez différemment si c'était à refaire ?

Je dirais que ce dont nous sommes le plus fiers, c'est de travailler avec tant de partenaires dans le monde entier sur les vaccins. L'Alliance pour les vaccins et les vaccinations, dont nous avons été l'un des membres fondateurs, a littéralement sauvé des millions de vies d'enfants dans le monde entier. Elle a distribué 716 millions de vaccins. Lorsque je voyage dans de nombreux pays d'Afrique, je parle à des parents qui font la queue et qui ont marché quinze kilomètres sous la chaleur pour faire vacciner leurs enfants. Et quand vous leur demandez pourquoi, ils vous regardent comme étonnés que vous leur posiez cette question. « Bien sûr que j'ai marché jusqu'ici, puisque cela va permettre à mon enfant de rester en vie. » Nous sommes donc vraiment fiers de notre contribution à ce travail, réalisé avec de nombreux partenaires.

Et puis si je regarde en arrière et que je pense à nos erreurs et aux leçons que nous en avons tirées, je pense aux tout débuts de la fondation. À cette époque, nous n'avions pas suffisamment pris en compte le rôle des gouvernements. Il nous a fallu un peu de temps pour le comprendre, mais les gouvernements sont fondamentaux pour la santé publique. Vous devez travailler avec eux pour financer des efforts à grande échelle. La philanthropie ne peut être que le catalyseur qui teste des choses, les mesure, voit si elles produisent réellement des résultats. Mais ensuite, c'est aux gouvernements de les généraliser. Nous sommes tout à fait conscients que certains programmes de développement dans le passé étaient dirigés par des gens qui pensaient en savoir plus que ceux qu'ils essayaient d'aider. Nous avons appris au fil des ans qu'écouter et comprendre les besoins des gens et des autorités locales est non seulement plus respectueux, mais aussi plus efficace. Il nous a fallu un peu de temps pour retenir cette leçon. Maintenant, nous relayons les voix que nous entendons jusque dans des zones rurales éloignées, qui nous disent : « J'ai besoin de ceci », ou : « Je n'ai pas accès à un centre de santé », ou : « Je n'ai pas accès à l'eau potable et aux installations sanitaires. » Mais il n'y a rien que nous ne fassions sans nous assurer que le gouvernement du pays est impliqué et à l'écoute de ses citoyens.

Qu'en est-il des vingt prochaines années ? Qu'envisagez-vous ?

C'est d'autant plus difficile à prévoir que je ne pensais pas que nous serions dans la situation où nous sommes actuellement. Je dirais que nos espoirs et nos rêves pour les vingt prochaines années sont de voir l'éradication de la polio à l'échelle planétaire, de continuer à réduire la mortalité infantile, et d'avoir des femmes au véritable pouvoir d'action dans les sociétés du monde entier. Aux États-Unis, le Forum économique mondial prévoit qu'au rythme actuel, il faudra deux cent huit ans avant qu'une véritable égalité entre les genres ne soit possible. Mais si, dans vingt ans, la fondation pouvait avoir fait progresser les femmes d'au moins vingt points de pourcentage dans chaque pays, j'aurais l'impression que nous commencerions à inverser la tendance en matière d'égalité. C'est incroyablement important pour le monde si nous voulons aider les gens à passer d'un état de pauvreté à des revenus moyens ou élevés.

Il y a une phrase intrigante dans votre livre. Vous écrivez : « Notre plus grand défi en tant qu'êtres humains est de surmonter notre besoin de fabriquer des parias. » Pouvez-vous nous en dire plus sur ce « besoin » ?

Je pense qu'en tant qu'êtres humains, nous éprouvons sans cesse le besoin de nous dire : « Je fais partie du groupe, mais peut-être que cette personne n'en fait pas partie. » Ou bien : « Je fais partie de cette communauté mais cette autre communauté est différente de moi. » Or, s'il y a bien une chose que j'ai apprise en voyageant autour du monde, c'est que nos ressemblances sont plus nombreuses que nos différences. Pourtant, parfois, notre peur de ne pas avoir assez, de ne pas être assez, nous empêche de regarder vers l'intérieur. Et au lieu de répondre à ces peurs, nous les projetons vers l'extérieur, en nous disant que telle personne ne peut rien nous apporter, et donc qu'elle ne peut pas faire partie du groupe. Ou bien que telle personne peut s'approprier mes ressources, et donc qu'elle est mon ennemie. Il faudrait pourtant se demander comment nous pourrions nous rassembler pour faire face à nos peurs, collectives et individuelles, et comment construire une société qui puisse vraiment inclure tout le monde. Parce que c'est possible, mais parfois nous nous en détournons parce que nous avons l'impression que c'est une tâche trop ardue ou parce que nous n'avons pas fait notre propre travail sur soi. Et donc, mes espoirs et mes rêves se réalisent quand je vois ces collectifs de femmes qui se rassemblent alors qu'elles n'ont parfois pas la même religion ou qu'elles ne se sont pas de la même caste en Inde, mais qu'elles travaillent collectivement pour surmonter quelque chose. Et quand elles travaillent ensemble, elles commencent à voir qu'elles sont plus semblables que différentes. Je crois à la nécessité de se rassembler et d'être authentiques. C'est à ce moment-là que nous construisons réellement un monde meilleur.

Vous sentez-vous parfois dépassée ou découragée ? Que vous dites-vous lorsque cela se produit ?

Bien sûr, si je suis honnête avec moi-même, il y a évidemment eu des jours où je me suis sentie débordée ou découragée. Dans le cadre du travail de la fondation, je vois tellement de scènes bouleversantes. Nous rencontrons des familles qui vivent avec moins d'un dollar par jour, et cela peut être tellement tentant de simplement sortir son portefeuille. Mais je sais pertinemment que cela ne suffit pas à changer la vie des gens à grande échelle. Nous ne pouvons pas simplement intervenir et régler tous leurs problèmes. Un jour, j'étais dans un hôpital au Malawi et j'ai vu deux bébés côte à côte, l'un était né dans l'hôpital alors que l'autre avait été amené d'urgence après que la mère avait accouché en route vers l'établissement. Il était clair que l'un allait survivre et l'autre pas. Quand vous voyez quelque chose comme ça, cela vous brise le cœur. Vous savez que si la femme avait pu se rendre au centre de santé, le bébé aurait survécu. Elle ne l'a pas fait pour une raison quelconque, peut-être à cause du transport, ce qui arrive souvent, ou peut-être que la famille lui a dit de continuer à pousser, que tout allait bien. Il y a beaucoup de raisons pour lesquelles les femmes ne vont pas dans les centres de santé alors que cela pourrait leur sauver la vie, à elles et à leurs enfants. C'est le genre de choses qui peut me décourager. Mais ensuite, je me rappelle qu'il y a plus d'enfants en vie aujourd'hui, bien plus qu'il y a dix ans, parce que le monde a réussi à s'unir sur des questions clés comme les vaccins et à s'assurer que telle minuscule petite clinique dans tel endroit reculé de tel pays est bien approvisionnée en médicaments et en ressources. Alors je retrouve espoir. Mais je pense aussi que, parfois, il est bon de se laisser aller, de laisser notre cœur se briser pour mieux apercevoir la réalité du monde. Pendant cette période de Covid, nous avons tous eu des moments où nos cœurs se sont brisés. Un jour, ou peut-être deux ou dix, où nous nous sommes dit : « Mon Dieu, comment va-t-on pouvoir tenir ? » Et puis on se ressaisit. On voit les États unir leurs forces pour qu'un vaccin soit trouvé rapidement, un groupe qui défend les intérêts d'un autre… et on retrouve confiance.

Y a-t-il des points positifs dans cette crise, ce que les Américains appellent une « doublure argentée » (« *silver lining* ») ?

Je dirais que ce sont tous les moments où se manifeste un lien profond, ces instants de grâce auxquels on peut tous assister un peu partout. Quelqu'un qui tend la main à une personne âgée isolée et lui fait ses courses. Une famille qui fait signe à une autre et parvient à lui rendre visite en plein air, en toute sécurité et en respectant la distanciation sociale. Ou quand vous voyez toute une population rendre un hommage sincère à son personnel de santé. C'est dans ces moments que vous vous rendez compte que les gens se soucient profondément les uns des autres, même dans une période difficile pour eux comme pour leur famille. Nous sommes viscéralement liés.

Aujourd'hui qu'est-ce qui vous fait peur ?

La désinformation qui se répand, les divisions dans la société et surtout la colère. Je ne parle pas du genre de colère que je peux ressentir quand je vois une scène d'injustice profonde, de celle que j'essaie de canaliser pour faire avancer mon travail. Non, je parle de la colère qui ne peut pas être gérée, celle qui alimente la haine et les conflits. Je ne dirais pas que cela crée la peur, mais plutôt le désespoir. Comme un jour où l'on se demande : « Comment tout cela va-t-il se terminer ? »

Des motifs d'espérer ?

Une des choses qui m'a vraiment manqué pendant le confinement, c'était de pouvoir discuter avec des jeunes. Cela me galvanise de parler à cette génération, d'entendre ce qui les inspire, ou la façon dont ils contribuent à changer la société, que ce soit en donnant dix dollars à une organisation, en protestant masqués, côte à côte, pour ce qu'ils pensent être juste, ou encore en essayant de motiver les jeunes Américains à aller voter. Il y a tant de jeunes insatisfaits – de ce qu'ils lisent dans les journaux, de ce qu'ils voient autour d'eux – et qui sont prêts à œuvrer pour transformer tout ça. J'essaie de leur rappeler que c'est possible, qu'ils doivent utiliser leurs talents et leurs passions comme des guides. C'est aussi ce que je fais avec mes propres enfants. Je leur dis de ne pas croire que la société doive forcément suivre tel ou tel chemin tout tracé. Quand je vois tous ces jeunes proposer des solutions originales susceptibles de résoudre certains problèmes du monde, j'espère, je me réjouis, je leur dis : « Allez-y, soyez qui vous devez être. Prenez votre envol. »

ESTHER DUFLO

« En réalité, nous sommes déjà
dans une société du bien-être. »

Début d'été 2020. C'est dans un jardin baigné de soleil qu'Esther Duflo nous reçoit virtuellement. Fraîchement arrivée de Boston, la chercheuse franco-américaine a décidé de s'installer en France pour une année. À quarante-sept ans, elle est la plus jeune lauréate du prix Nobel d'économie, mais aussi l'une des deux seules femmes, après l'Américaine Elinor Ostrom, à avoir reçu cette distinction. À quoi tient cette anomalie ? Au fait qu'« il n'y a pas assez d'économistes femmes tout court », note-t-elle en riant, tout en soulignant que « les choses sont heureusement en train de changer ». Dans son cas, elle a abandonné l'histoire pour la microéconomie afin d'avoir un impact plus « concret » sur la société. Rien de plus tangible, en effet, que les travaux qu'elle mène depuis les années 1990, au sein du laboratoire J-PAL, avec son mari Abhijit Banerjee, autour des questions de développement. Avec lui, elle a généralisé l'usage des expériences « randomisées » fondées sur des groupes tests et des groupes témoins. Une approche qui porte ses fruits : « Quand on travaille sur l'extrême pauvreté depuis les années 1990, il est impossible de ne pas être confiant en l'avenir, dit-elle. Dans l'ensemble, les trente dernières années ont vu une amélioration énorme de problèmes qui semblaient insolubles. »

Esther Duflo présente souvent les économistes comme des « plombiers » chargés de réparer les tuyaux percés des politiques publiques. Mais que peuvent ces artisans face au dégât des eaux mondial engendré par la crise du Covid ? Nous montrer pourquoi il faut « déstigmatiser l'aide sociale » et voler au secours des pays pauvres les plus touchés par la pandémie. Faire comprendre à nos dirigeants que « nous ne sommes déjà plus dans une société de consommation » et insister sur l'urgence de revoir sérieusement ce que l'on entend par « croissance ». C'est ce que fait ici Esther Duflo, tout en expliquant pourquoi elle ne croit pas un instant aux discours sur la fin de la mondialisation.

Allons d'emblée au cœur du sujet. Croyez-vous que cette crise du Covid-19 marquera, d'un point de vue économique, une rupture significative ? En d'autres termes, vous paraît-il légitime de parler, comme l'ont fait

tant de commentateurs, d'un « avant » et d'un « après »-Covid ?

Oui et non, aurais-je envie de dire. Pour l'instant, nous sommes encore au milieu de la crise et nous avons l'impression de vivre une situation inédite. D'où ce sentiment profond d'« avant » et d'« après ». On espère pouvoir tirer profit de la crise pour innover, réfléchir à d'autres modèles de société. En réalité, je pense que c'est quelque chose de plus « mushy », de plus mou, qui va en sortir. On va probablement assez rapidement trouver une forme de vaccin, les thérapies vont s'améliorer. Le Covid deviendra une maladie très grave plus qu'une maladie mortelle. On évoluera vers une situation certes différente, mais pas radicalement. De la même manière qu'on a l'impression d'avoir découvert des modèles révolutionnaires pendant le Covid, sur l'écologie ou la protection sociale, alors qu'en réalité, le dialogue social n'a pas vraiment changé. Les idées qui ont resurgi existaient auparavant. À propos du commerce international, par exemple, beaucoup pensent que la chaîne de production sera bouleversée, avec un ancrage plus local de la production... Moi je parierais, au contraire, sur un retour très rapide à la situation *ante*. À propos de protection sociale et d'écologie, je ne crois pas non plus en l'idée d'un « grand soir ». Ni en l'idée que cette crise bouleverse radicalement nos modèles actuels. Sur de nombreux aspects on est déjà revenu à la situation initiale, tout comme le monde de la finance a repris son cours après la crise des subprimes en 2008. Notre système s'est montré résilient par le passé, je doute que le Covid soit la crise qui en vienne à bout.

Qu'est-ce que cette crise a fait bouger alors, selon vous ?

En comprenant que la nature peut être plus forte que nous, les gens commencent à imaginer les désastres à venir si la Terre continue de se réchauffer. Ce que je trouve intéressant avec le Covid, c'est qu'on connaissait le risque de pandémie mondiale. Tout au début de la crise, mes enfants ont regardé un épisode de « C'est pas sorcier » sur le virus H1N1. On expliquait déjà qu'un jour, nous serions confrontés à une épidémie due à un virus que nous n'arriverions pas à contrôler. Cela mettait en lumière tous les problèmes que nous venons de connaître : impossibilité de produire rapidement un vaccin, nécessité d'inventer un système d'éducation à distance, pénuries de masques et de médicaments antiviraux… Ces risques étaient donc connus mais on ne voulait pas y croire. De la même manière qu'on refuse de croire aux possibilités du changement climatique parce qu'on n'en subit pas encore les conséquences.

Certains économistes eux-mêmes ne parlent-ils pas de l'impératif de relancer la « croissance » sans jamais prendre en compte la variable climatique ?

Absolument, mais c'est une manière profondément anachronique de faire de l'économie. Dans notre dernier ouvrage, *Économie utile pour des temps difficiles*, Abhijit Banerjee et moi soulignons qu'on ne devrait jamais parler de croissance sans considérer son implication la plus immédiate : le réchauffement climatique. C'est entre autres pour cela que nous pensons que l'obsession de la croissance est mal placée et devrait être remplacée par une recherche du bien-être.

C'est une idée que l'on entend souvent, mais comment s'y prend-on ? Peut-on, comme disent les Anglo-Saxons, « *make lemonade out of lemons* », faire d'un mal un bien en tirant un profit concret de ce que nous traversons ?

Un choc qui conduit à un « arrêt » général de nos sociétés, comme celui que nous venons de vivre, devrait nous aider à nous projeter dans un avenir qui tient mieux compte du dérèglement climatique. Comme je le disais, cela, à mon sens, renforcera le sentiment d'urgence de la population, l'inciter à agir.

Et pour vous-même ? Cette crise a-t-elle changé quelque chose dans votre façon concrète de travailler, de lire le monde ? Avez-vous lancé de nouveaux essais ou dans un esprit différent ?

Pas vraiment puisqu'à J-PAL, nous avons décidé depuis 2013 de faire du changement climatique la priorité de notre recherche. Le J-Pal, c'est l'Abdul Latif Jameel Poverty Action Lab, que j'ai cofondé au Massachusetts Institute of Technology (MIT). Un exemple : nous avons aujourd'hui en cours un essai randomisé sur l'efficacité de rémunérer les agriculteurs ougandais s'ils respectent un certain nombre des conditions pour conserver intactes leurs ressources naturelles : en d'autres termes, on les paye pour ne pas déforester. Avec, en toile de fond, l'idée que ce sont les pays riches qui financent ces actions, dans la mesure où ce sont eux les principaux responsables du dérèglement climatique. On a appelé cette expérience « cash for carbon », du cash pour réduire l'empreinte carbone des agriculteurs. En l'occurrence, cette expérience montre qu'il est plus efficace de payer ces agriculteurs directement pour qu'ils conservent leurs hectares de forêt plutôt que de mettre en place des subventions – pour des voitures électriques aux États-Unis par exemple ou toute autre initiative à but similaire.

Pouvez-vous définir ce qu'est un essai randomisé ?

Il s'agit d'une technique inspirée des sciences exactes et de la médecine, où l'on compare la réaction d'un groupe témoin et d'un groupe test à un phénomène donné. Un autre essai randomisé que nous avons mené récemment, portait sur les « smart meters », les « compteurs intelligents ». De quoi s'agit-il ? De compteurs électriques qui donnent précisément au consommateur le profil et les détails de sa consommation énergétique. Nous avons comparé la consommation d'un groupe auquel on a donné un compteur intelligent à celle d'un autre ne disposant que d'un compteur normal, et l'on a remarqué qu'une fois que les gens prennent l'habitude de faire baisser leur consommation grâce aux indications dudit compteur, ils conservent cette habitude, même lorsqu'on le leur enlève. Preuve qu'une fois une habitude prise, chacun de nous a tendance à la conserver. On peut jouer là-dessus pour faire avancer les objectifs de développement durable. Toujours en matière de climat, nous expérimentons aussi des techniques qui devraient permettre de rendre des récoltes plus résistantes à un climat de moins en moins stable et/ou de plus en plus chaud. Bref, pour résumer, je ne pense pas que la crise du Covid modifie l'importance des grands enjeux climatiques, mais elle peut certainement accélérer les prises de conscience.

Et sur le plan social ?

On s'est rendu compte, avec le Covid, de l'importance d'avoir un système de protection sociale efficace sur lequel les gens peuvent compter. Non pas punitif et stigmatisant mais, au contraire, bienveillant. Des études ont montré la manière dont la stigmatisation réduit l'efficacité des aides. Le simple préjugé selon lequel les pauvres feront mauvais usage de transferts monétaires conduit à privilégier des alternatives plus coûteuses que ces transferts directs. En Inde, le gouvernement perd 30 % du budget de son programme d'aide alimentaire, qui garantit cinq kilos de riz par mois aux personnes dans le besoin, en frais de stockage et de transport. Il hésite maintenant à passer à des transferts directs sur les comptes bancaires des plus démunis. Car rien n'indique que les plus pauvres dépensent cet argent de manière irrationnelle. Ainsi, ce que le Covid peut réussir à faire, c'est déstigmatiser l'aide sociale. Que le public arrête de penser qu'avoir besoin d'une aide de l'état, c'est être un « looser » ou un profiteur du système. Pendant la crise, énormément de gens ont eu, partout, besoin de l'aide publique. En France et en Europe, cela s'est mis très bien en place, très rapidement, contrairement aux États-Unis. Je pense que cette crise va nous ouvrir les yeux sur l'importance d'avoir une telle société. Une société prête à venir en aide à ceux qui subissent un choc. Nous permettre de repenser une protection sociale moins victorienne, moins suspicieuse. Un système d'aide dépourvu de jugement.

Vous parlez de la responsabilité des pays riches qui devrait les conduire à financer les efforts des pays pauvres en matière de climat. Est-ce que le même type de responsabilité s'applique à vos yeux dans le contexte du Covid ?

Oui, sauf que cela n'a pas l'air d'aller de soi. C'est pourtant une question de respect. Dans le cas du dérèglement climatique – lequel est directement lié aux émissions ayant enrichi et continuant d'enrichir les pays du Nord ; n'oublions pas que, à eux seuls, la Chine, les États-Unis et l'Union européenne produisent plus de la moitié des émissions mondiales de dioxyde de carbone – il paraît normal que ces pays soient responsables de la mitigation, c'est-à-dire de la limitation des dommages. Pour le Covid, c'est un peu différent. On ne peut pas dire que ce soit la faute des pays riches. Personne n'est responsable de cette crise. En revanche, il y a une question d'éthique. Les pays pauvres sont moins bien équipés pour y faire face. Ils n'ont ni les réserves financières ni la capacité d'emprunt suffisantes pour surmonter les conséquences économiques du « lockdown ». Du reste, cela avantagera également les pays riches de les aider, puisque ce virus ne s'arrête pas aux frontières. D'habitude, je ne suis pas favorable à l'argument selon lequel les riches devraient aider les pauvres parce que c'est leur intérêt bien compris et que cela leur est bénéfique. Mais dans le cas du Covid, c'est quand même évident. Ce n'est pas comme dans celui du Sida, où on soutient les pays d'Afrique parce que c'est la « bonne chose » à faire éthiquement. Pour ce coronavirus, le besoin de ne pas être contaminé soi-même s'ajoute à l'argument moral. Pour sortir de la crise, il est donc nécessaire d'aider ces pays tant sur le plan sanitaire que sur le plan économique. Sans vaccin ni mesures spécifiques, ce virus est, on le sait, impossible à contenir.

Cette aide des pays riches aux moins riches, par quels moyens doit-elle passer selon vous ? Par l'aide internationale ?

Par exemple. Mais pour l'instant, celle-ci est très limitée. Les pays riches ont été tellement frappés eux aussi qu'ils se sont repliés sur eux-mêmes. On a vu quelques velléités de rééchelonnement de dettes, mais très insuffisantes. Idéalement, il devrait s'instituer une coopération internationale pour les rééchelonner, voire les effacer complètement. On aurait aussi pu imaginer un « Ultra Basic Income », un revenu minimum, le temps du confinement, ce qui aurait permis de maintenir plus longtemps les économies fermées. À la place, ce qui s'est passé, c'est que les pays pauvres ont déconfiné en même temps que les pays riches. Un timing dommageable. Ils ont fermé quand il n'y avait encore que très peu de cas, à peu près en même temps qu'en France, et ont rouvert presque en même temps aussi, mais justement quand leur nombre de cas était en train de grimper.

Cette solidarité n'ayant pas eu lieu, que faut-il craindre maintenant ? Ces trente dernières années, la pauvreté absolue avait diminué, la mortalité infantile et maternelle aussi. N'y a-t-il pas un risque de recrudescence massive de la pauvreté ?

Ce qui m'inquiète, en effet, c'est que la crise sanitaire soit suivie d'une crise économique si profonde dans certains pays – en Inde ou au Nigeria, par exemple – qu'elle commence à s'auto-entretenir et devienne structurelle. La crise économique directe découlant des confinements se transformerait alors en crise économique plus classique liée à la demande.

Comment éviter cet effet « boule de neige » ?

Il aurait fallu – il faut encore – accorder très vite une aide financière à ces pays pour leur permettre de réaliser des transferts vers les plus pauvres. Je parle de transferts très simples à mettre en œuvre administrativement, de manière à ce que les gens, même les plus démunis, même ceux qui ne peuvent pas travailler, soient assurés qu'ils auront toujours un revenu de base, quoi qu'il arrive. Mais vraiment de base, c'est-à-dire qui leur permette de ne pas mourir de faim et de continuer à fonctionner le plus normalement possible. L'Inde a tenté une approche similaire en distribuant l'équivalent en roupies de 244 milliards d'euros à ses citoyens les plus pauvres. De la même manière, il va falloir, pour ces pays, relancer le secteur informel, les vendeurs de rue, conducteurs de rickshaws, personnels de ménage, tous ces petits emplois détruits par le confinement et qui représentent une part importante du nombre total d'emplois. Un pays comme l'Inde a une économie assez complexe et riche pour financer seule ces dispositifs.

Mais les autres ? D'une façon plus globale, comment faire pour concilier un ralentissement général de la croissance avec des initiatives qui nécessitent toutes des moyens énormes ?

Il n'y a quasiment aucun lien entre la croissance et les investissements dans ce genre de choses ! Quand la croissance est forte, cela ne veut pas dire que les fruits de cette croissance sont investis dans la redistribution ou la transition énergétique. D'ailleurs rien, dans notre arsenal théorique, n'indique qu'il soit bénéfique d'augmenter au maximum le PIB par habitant ! Même si la croissance se réduit, il reste suffisamment de capitaux disponibles pour ce genre de programmes.

Via le recours à l'impôt ?

Oui, comme on l'aurait fait en période de croissance. Ces dernières décennies dans les pays riches, les bénéfices de cette croissance se sont essentiellement traduits en revenus plus importants pour les 1 % les plus riches et pas vraiment en investissements dans la transition énergétique ou dans des programmes redistributifs. Fiscalement, la marge est importante, pour peu qu'on se décide à taxer ce qui est exclusivement capté par les ultra-riches.

Faut-il donc remettre en cause l'idée même que la croissance est bénéfique ? Et dans tous les cas, comment la rendre à la fois moins polluante et moins porteuse d'inégalités ?

Dans *Économie utile pour des temps difficiles*, nous avons consacré un chapitre entier à la croissance. Nous tentons d'expliquer justement que, d'une part, on ne sait pas vraiment comment la susciter – on ignore précisément d'où elle vient, comment elle vient, et on en comprend mal les tenants et les aboutissants. D'autre part, nous montrons aussi qu'elle n'est ni nécessaire ni suffisante pour dégager les ressources dont nous avons besoin pour l'environnement. Au contraire, la croissance résultant d'une hausse de la consommation est dangereuse pour la planète, puisqu'elle est « énergiphage ». Pour toutes ces raisons, il faut arrêter de voir en la croissance le but ultime de toute politique publique. Arrêter de lier systématiquement bien-être et réalités matérielles. Ou de vouloir retrouver, dans les pays occidentaux, la période faste des fameuses « Trente Glorieuses », qui était une anomalie à l'échelle de l'histoire, plus qu'un paradigme d'économie en bonne santé. Ce qui est important – je le répète –, ce n'est pas la croissance mais le bien-être. Dans notre introduction, nous disons que notre but est de remettre l'humain au cœur de l'économie. Cela passe par la remise en cause du mythe de la croissance comme solution à tous les problèmes de développement ou de chômage. Ce qui compte pour un individu, ce n'est pas seulement la consommation, c'est aussi l'environnement, sa place dans la société, l'impression d'avoir une vie qui a du sens…

Toute la question étant de savoir comment on passe d'une culture à une autre...

En réalité, nous sommes déjà dans une société du bien-être, mais ceux qui nous dirigent, les politiques, les économistes, sont convaincus que nous sommes encore dans la société de consommation. Or il suffit de s'intéresser à ce qui compte pour les gens pour s'apercevoir que non seulement consommer n'est pas nécessairement leur préoccupation essentielle, mais aussi que leurs préférences en matière de consommation sont très malléables. Un autre exemple toujours lié à la consommation énergétique : figurez-vous qu'une manière de la faire baisser consiste à dire à un ménage que ses voisins consomment moins que lui. Étonnant, non ? Par un simple phénomène de mimétisme, les gens se mettent à consommer moins, même une fois qu'on a arrêté de leur communiquer la consommation de leurs voisins ! Personnellement, je pense qu'on n'a jamais vraiment été dans une société de consommation. Si l'on regarde le monde avec un peu de distance, ce que veulent les gens, c'est la sécurité, la paix, l'accès à la santé, la possibilité pour leurs enfants d'aller à l'école... Ils se moquent d'avoir le choix entre vingt types d'aspirateurs différents.

Mais alors comment gérer ce décalage entre des citoyens en quête de mieux-être et des dirigeants qui souhaitent perpétuer la société de consommation pour entretenir coûte que coûte une croissance qui n'est pas la bonne ?

En éduquant les dirigeants. Et là encore le Covid peut favoriser cette remise en question. Il y a peu, j'ai reçu un courriel de Bloomberg Media. Ils voulaient écrire tout un article sur le thème : « La croissance, est-ce vraiment le plus important ? ». Je leur ai dit « welcome ». (Rires). Cela révèle en tout cas une prise de conscience, même chez Bloomberg Media qui incarne pourtant le consensus des élites financières ! Peut-être que cette crise nous permettra de revenir à ces évidences, au fait que bien vivre ne se traduit pas uniquement en pouvoir d'achat, ce qui pour moi relève du pur bon sens. Mais il est vrai que depuis la Seconde Guerre mondiale, le critère de succès vis-à-vis des autres gouvernements, c'est la plus forte croissance. Les gens y sont habitués, les dirigeants y sont attachés. Changer ces habitudes prendra du temps.

Au cours de vos études, vous avez commencé par faire de l'histoire avant de bifurquer vers l'économie. Vous aviez l'impression que l'économie permettait d'avoir « un impact

concret sur le monde ». Êtes-vous toujours de cet avis ? Que pensez-vous de l'état actuel de la discipline ?

Avec le laboratoire que j'ai cofondé, le J-PAL, j'ai l'impression d'avoir eu un effet assez direct sur la vie de beaucoup de gens. Quant à la profession dans son ensemble, je pense qu'elle a évolué dans un sens plutôt positif. De plus en plus d'économistes travaillent sur les sujets dont nous venons de parler, que ce soit la politique publique, le climat, le racisme, les discriminations, la protection sociale..., bref toutes les questions que l'on se pose aujourd'hui. Hélas, l'image de la profession n'a pas suivi. En particulier, de nombreux étudiants associent l'économie à la macroéconomie, à des théories séparées de la vie réelle.

Vous parlez de la perception de l'économie. Dans votre livre on a l'impression que certains axiomes sur lesquels elle se fonde (loi de l'offre et la demande, argument des préférences fixes...) sont dépassés. Pensez-vous qu'il existe un fossé entre la théorie économique et la réalité du travail sur le terrain ?

L'économie est, comme je le disais, une discipline bien plus vaste que la simple « macro », et en effet, elle a beaucoup évolué depuis l'argument des préférences fixes de Becker et Stigler[1], par exemple. Mais je ne voudrais pas qu'on ressorte de cette lecture avec l'idée que l'économie conventionnelle s'est trompée, parce que notre livre lui-même incarne, d'une certaine manière, l'économie conventionnelle de notre époque. Le problème, c'est que la plupart des personnes qui ont fait un peu d'économie se sont arrêtées au cours introductif. De sorte que tout le monde a une espèce de vision de la discipline qui correspond au modèle le plus basique. Un modèle qui mène à des réponses fausses parce que le monde est un peu plus compliqué que les hypothèses avec lesquelles on vous apprend à raisonner dans les premiers cours d'économie générale.

Justement, vos travaux sont passionnants parce qu'ils montrent que, souvent, la réalité des choses va à l'encontre des intuitions. La

1. Gary Becker et George Stigler sont deux économistes américains, tous deux lauréats du prix Nobel. Ensemble, ils ont cherché à rendre compte des déterminants de la demande des biens et des services. Dans leur article « De Gustibus non est Disputandum », ils renversent le modèle du consommateur passif en décrivant une méthode économique qui combine le comportement de maximisation, l'équilibre du marché, et les préférences stables, utilisés « sans relâche et de manière inébranlable ».

crise du Covid a-t-elle fait naître de nouvelles fausses croyances ?

Sûrement. Tout nouvel événement fait naître des croyances fausses. Prenez, par exemple, l'idée selon laquelle « le Covid montre que la globalisation est une erreur ». Je ne veux pas chanter ses louanges, mais je ne comprends pas ce que la critique de la globalisation a à voir avec le problème actuel. Je ne pense pas qu'après le Covid, on veuille retourner à un monde où les gens ne se déplacent pas. Je ne vois pas ce que le risque d'épidémie mondiale liée à la dépendance induite par le tourisme et les échanges culturels entre les pays a à faire avec le commerce international. Une autre erreur, c'est que les gens se disent : « Si on n'avait pas eu de commerce international, quand la Chine s'est arrêtée, on aurait été moins dépendants d'elle. Si on fabriquait nos ventilateurs nous-mêmes, on aurait pu les avoir. » Mais inversement, si le choc avait commencé en France, et si on fabriquait tous nos ventilateurs en France, la chaîne de production française aurait été stoppée. On se serait retrouvé sans ventilateurs. À mon avis, la réponse aux problèmes actuels ne se situe donc pas dans la relocalisation des chaînes de production mais dans leur diversification. Histoire que l'on ne soit pas dépendant d'un seul pays – ou même d'une seule ville, parce qu'à l'intérieur de la

Chine, les industries sont aussi très concentrées géographiquement. Par ailleurs, la diversification des chaînes d'approvisionnement pourrait être une chance pour les pays plus pauvres que la Chine, qui pourraient entrer en compétition avec elle. Or, ça, ce n'est pas du tout le point de vue que j'entends en France. Dire qu'il faut relocaliser pour être fort face à une nouvelle pandémie est juste une nouvelle confusion qui est en train de naître.

N'y a-t-il pas pourtant un dissensus sur ce point, y compris chez les économistes ?

Peut-être. Quand on met plusieurs économistes ensemble, on a plus d'opinions que d'économistes. (Rires.) Sérieusement, il peut y avoir d'autres raisons pour lesquelles on veut relocaliser, mais si la question est de s'armer pour mieux résister à une épidémie future, la relocalisation n'est pas la bonne réponse.

Finalement, ces derniers mois ont-ils modifié vos certitudes ? Vous ont-ils changée, vous ?

Pas vraiment, même si voir qu'une pandémie de cette ampleur est toujours possible reste frappant. Ce que je note aussi c'est qu'on s'intéresse à la manière de pallier les conséquences de la crise plutôt qu'à ses causes premières. On se demande comment trouver un vaccin mais on s'interroge beaucoup moins sur la manière de s'y prendre pour que des chauves-souris ne défèquent plus jamais sur des pangolins. On pourrait s'étonner que la Chine n'ait pas décidé de fermer définitivement ses marchés couverts d'animaux sauvages. D'une manière générale, on préfère le « damage control », la mitigation, à la création de modèles de société plus résilients.

Votre volonté d'agir, d'où vous vient-elle très profondément ? Quelles sont les racines de votre engagement ?

J'ai été marquée par l'expérience de ma mère. Elle partait une fois par an dans des pays en guerre en tant que pédiatre au sein d'une petite organisation. D'autres membres de ma famille faisaient aussi partie de Médecins du monde et me racontaient leurs expériences. La socialisation par le scoutisme et l'Église protestante ont joué leur rôle elles aussi. L'enfant y apprend qu'il fait partie d'un monde plus vaste que lui et qu'il existe différentes expériences de vie. Tout cela a formé le terreau où j'ai grandi, où est née ma volonté de faire quelque chose d'utile.

Ce message est-il celui que vous transmettez à vos enfants ?

J'essaie ! Ils sont un peu bercés par ça, les malheureux ! Ils ont eu tellement de chance de par leur éducation, le lieu où ils sont nés, que j'aimerais bien qu'ils trouvent un moyen de « rendre ». De faire fructifier les talents au sens biblique du terme.

Vous arrive-t-il de vous sentir frustrée ou démoralisée face aux défis gigantesques de notre époque ?

Quand on travaille sur l'extrême pauvreté, et qu'on a commencé au milieu des années 1990, il est difficile de ne pas être optimiste. Dans l'ensemble, les trente dernières années ont vu une énorme amélioration de problèmes qui semblaient insolubles. Quant à la manière dont je gère une potentielle frustration devant l'immensité des problèmes, c'est toujours la même. Cela consiste à garder la tête dans le guidon, à me concentrer sur un problème à la fois. On a parfois l'impression qu'on est en train de réarranger les chaises sur le *Titanic*, mais ce n'est pas vrai. Petit à petit, on cultive son jardin, on résout un petit problème, puis on s'attaque au suivant, puis à celui d'après, c'est comme ça qu'on progresse. En tout cas c'est ce qui fonctionne en matière de pauvreté depuis les années 1990. Mais si on réfléchit à la lutte contre le cancer, c'est la même chose. Ce n'est pas mon sujet, mais si l'on se dit « le cancer c'est trop énorme, il y a tellement de formes différentes », on est sûr d'échouer. Le progrès est fait de petits bouts. On avance petit bout par petit bout, on enregistre une victoire puis deux reculs et ainsi de suite. C'est pour ça qu'il ne faut pas se décourager devant l'immensité de la tâche, mais avancer étape par étape. Choisir un problème, s'y attaquer, faire des erreurs, les corriger, apprendre, transposer ce que l'on sait à d'autres questions et progressivement avancer.

GODELIEVE MUKASARASI

« Le problème de l'après,
c'est l'éternel retour du traumatisme. »

Depuis ses locaux, à Kigali, elle entonne un chant de paix et puis son rire vient clore notre interview, tel un lumineux point d'orgue. En 2018, Godelieve Mukasarasi a reçu l'« International Women of Courage Award », un prix décerné chaque année par le département d'État américain à celles qui, dans le monde entier, ont fait preuve d'un exceptionnel sens du leadership ainsi que d'une détermination admirable à se sacrifier pour les autres. Femme de courage, c'est peu dire dans le cas de Godelieve Mukasarasi. Hutue mariée à un Tutsi elle est, lorsque le génocide éclate, considérée comme traître et séparée de son mari et de ses enfants qui se cachent dans les collines pour survivre. Elle se jure que, s'ils en réchappent, elle consacrera toute son énergie à ceux qui n'ont pas eu cette chance. Après le génocide, elle travaille au sein d'organisations qui œuvrent pour l'émancipation économique des femmes et luttent contre le Sida, puis elle crée l'association SEVOTA pour la reconstruction et la réinsertion des femmes violées pendant le génocide.

Sans rien minimiser des difficultés rencontrées, Godelieve Mukasarasi souligne la force des Rwandaises qu'elle accompagne et le caractère universel de leur combat. « La paix est l'affaire de tous, dit-elle. Aujourd'hui, chacune d'entre nous peut lever son verre et se féliciter, car nous avons gagné la partie : le viol, la violence, la sexualité, sont aussi devenus l'affaire de tous. » Dans un Occident miné par le sexisme et les violences faites aux femmes, ses mots trouvent ici un écho puissant.

Le Rwanda a été l'un des premiers pays du continent africain à imposer un confinement total à sa population, une semaine seulement après la confirmation du premier cas de Covid-19 sur son territoire. Comment avez-vous vécu cette mesure à Kigali, une ville de 1,1 million de personnes ?

À la fois comme vous l'imaginez et, peut-être aussi, comme vous ne l'imaginez pas du tout… D'abord, au Rwanda tout le monde est resté chez soi avec permission de sortir uniquement pour acheter à manger ou se faire soigner. Distances de précaution, masques, obligation de se laver les mains… Tout ça, c'était comme partout ailleurs, sauf que, compte tenu de la densité de la population à Kigali – pensez aux marchés, aux gares routières, aux bidonvilles... –, c'était un sacré défi. Par ailleurs, comme vous le savez, dans la culture africaine on s'embrasse, on se salue, on partage, on se touche. Du jour au lendemain, tout ça a été terminé. Aujourd'hui encore, quand vous apercevez un visage connu, vous lui dites bonjour de loin, puis vous passez votre chemin. Ce type de comportement est entièrement nouveau pour nous. Il signifie qu'en cas de pandémie, nous ne pouvons pas continuer à vivre avec notre culture. En d'autres termes, le virus nous oblige à devenir européens ! (Rires.)

Et ce que l'on imagine moins ?

Savez-vous par exemple que, dans les hôpitaux de Kigali, nous avons des robots pour parler aux malades ? Six robots qui ont même des noms rwandais ! Ils prennent la température, donnent des médicaments, effectuent les gestes nécessaires pour remplacer le personnel de santé. En période de Covid, cette aide a été miraculeuse pour les soignants... Le gouvernement a aussi mis en place un programme d'appui aux personnes touchées en distribuant de la nourriture pour les malades et leurs familles. À Kigali, tous les chômeurs ont reçu de quoi manger pendant le confinement et des milliers de jeunes volontaires ont été mobilisés dans les zones à risques. Enfin, comme les robots, et ceci est une première, nous avions, pendant le confinement, des drones qui pouvaient délivrer des messages dans les villages reculés où les « sonomobiles », les voitures à haut-parleur, ne pouvaient pas aller. Les drones livraient des médicaments commandés sur WhatsApp et si on n'avait pas WhatsApp, on se faisait aider par les autorités locales qui effectuaient un suivi famille par famille. Ces drones, on les utilisait déjà avant le Covid, pour apporter des médicaments dans des centres de santé éloignés, par exemple, ou en agriculture, pour pulvériser des insecticides. Mais là, comme ça, dans l'espace public, c'était la première fois.

Le gouvernement a pris semble-t-il des mesures très strictes et très rapides, même si cela peut avoir été fait, dans certains cas, aux dépens de certaines libertés, comme on a pu le voir avec les dérives policières rapportées dans les médias. Plus généralement, pensez-vous qu'une pandémie de ce type est susceptible de changer la physionomie d'un petit pays d'Afrique comme le Rwanda, et accessoirement la vision qu'en ont les Occidentaux ?

Le maire de Kigali a déclaré qu'il voulait faire de cette ville « une ville intelligente » avec le plus de services possible en ligne, ce qui a le double avantage de réduire les contacts physiques, mais aussi les risques de corruption. Je pense que l'utilisation des nouvelles technologies dont je vous parlais accélérera ce mouvement. Je pense aussi que le fait d'avoir pris les premières mesures à temps et d'avoir obtenu des résultats très positifs – très peu de morts à ce jour – peut constituer un exemple pour d'autres pays d'Afrique. À l'heure où nous parlons, aucune personne de ma connaissance ou de mon voisinage n'a été malade.

C'est pourquoi lorsqu'on vous parle d'« avant » et d'« après », il est probable que ce n'est pas à ce virus que vous pensez mais, comme beaucoup d'autres Rwandais, au drame que fut le génocide de 1994…

Bien sûr. Pour nous l'« après » c'est l'après-génocide. Aujourd'hui encore, il est là. On le « voit ». Et pour certaines on le « sent » dans sa chair. Je parle des femmes tutsies. Celles qui n'ont pas seulement survécu à la barbarie, à la torture, mais qui ont été victimes du viol utilisé comme arme de destruction massive. Quand elles n'ont pas été contaminées par le virus du Sida, une autre stratégie guerrière des Hutus, elles ont dû porter le fils ou la fille de leur violeur. Ce qui leur a valu d'être ostracisées, rejetées de leur communauté qui ne supportait pas qu'elles aient été ainsi souillées. Et ça ne s'arrête pas là. Une fois cet enfant au monde, elles s'en sont occupées, seules et sans ressources. Elles ont dû lui donner le sein – certaines il est vrai n'ont pas pu ou pas voulu le faire. Elles l'ont nourri, élevé, jour après jour. C'est cela « l'après ». Un après sans fin.

Sans fin, puisqu'il renvoie sans cesse, encore aujourd'hui, au « pendant » de la barbarie...

En effet. Aujourd'hui, cela fait vingt-six ans que ces femmes ont, sous leurs yeux, le témoignage vivant du viol ou du mariage forcé qu'elles ont enduré. Nous avons du mal à nous l'imaginer concrètement. Mais cet enfant, qui n'y est pour rien, a peut-être les yeux, le visage ou les mains de son père, le bourreau. Il a les traits de la barbarie. Et elles, leurs mères, sont traversées par des sentiments épouvantablement contradictoires, des envies de le frapper, de le tuer mais aussi de l'aimer. Ici, au Rwanda, nous disons que ces femmes ont subi un « triple sort » : le génocide, le viol, et la malédiction de l'enfant. Ce triple sort, c'est plus qu'il n'en faut pour devenir fou. La plupart du temps ces femmes se muraient dans le silence. C'est pour les en délivrer que j'ai commencé avec elles un travail psychologique et social, puis que j'ai créé l'organisation SEVOTA.

Dès 1994 dans ce pays dévasté où le génocide a fait plus d'un million de morts, vous créez donc de toutes pièces cette organisation, SEVOTA. Quel était votre objectif ?

Je voulais aider les veuves, les orphelins, et surtout toutes les femmes victimes de viols et de mariages forcés (on estime ces dernières entre 300 000 et 500 000). Je voulais que personne ne reste dans la solitude. SEVOTA s'appuie sur des programmes visant à l'intégration sanitaire et socio-économique des victimes. Nous leur apportons un soutien psychologique mais aussi financier, social et éducatif. En ce qui concernait les femmes victimes de viols, notre but était bien sûr de les protéger mais aussi de protéger l'enfant né de ce viol. Ceci demandait en priorité d'améliorer la relation entre l'enfant et sa mère. Mais aussi la relation entre hommes et femmes en général. Au début, nous nous voulions « féministes » et nous ne travaillions qu'avec des femmes. Mais le fait est que, depuis que nous avons compris qu'il fallait intégrer la population masculine à nos programmes, tout est devenu plus facile. Les hommes doivent être là pour aider les femmes à retrouver une vision positive d'elles-mêmes. Dans une société où le viol est tabou, l'idée de pouvoir en parler avec un frère ou un mari, de redevenir « amie avec le genre masculin », fait beaucoup pour la paix dans la communauté.

Nos programmes sont basés sur les dialogues à deux, la musique, la danse… Au départ, l'organisation a été fondée à un niveau local, puis elle a grandi. Elle a quitté la région de Kamonyi et celle de Muhanga pour s'implanter dans d'autres parties du Rwanda. Aujourd'hui, SEVOTA regroupe 106 groupes d'entraide et plus de 2 000 membres.

Comment vous est venue l'idée de ces programmes ?

Pas d'un modèle scientifique en tout cas. J'ai une formation d'assistante sociale et depuis le début, j'ai voulu être pragmatique. Chaque jour, avec celles qui m'aidaient, nous avons cherché à nous améliorer. En 2005, nous avons réalisé une étude qui montrait le niveau de violence de ces femmes envers elles-mêmes et le conflit dévastateur qui les habitait. À cause des violences subies mais aussi du fait qu'elles étaient isolées de leurs communautés. Elles n'avaient pas inscrit leurs enfants à l'école. Elles les considéraient comme inexistants. Et comme je vous le disais, ces femmes étaient murées dans le silence.

Alors nous avons eu l'idée de les réunir pour qu'elles se parlent. Nous avons créé un forum du nom d'Abiyubaka (« les femmes qui se reconstruisent ») Au départ, ce n'était pas facile. Dès qu'elles se trouvaient réunies, elles se mettaient à pleurer. Alors nous avons introduit la prière. Pour la plupart, ces femmes sont très pieuses – je le suis aussi – et beaucoup d'entre elles étaient convaincues que c'était grâce à Dieu qu'elles étaient vivantes. Ensemble, on priait et on chantait des chants d'église que tout le monde connaît. On pouvait aussi se mettre en duo, après quoi chaque femme faisait un résumé de ce que l'autre lui avait dit. En cas d'émotions trop intenses, on pouvait aussi chanter et danser. Le fait de faire des mouvements, de respirer apaise en même temps l'âme et le corps, le cœur et le cerveau. L'idée était que les émotions positives neutralisent les ondes de négativité. Plus tard, nous avons introduit des formations sur la paix. Quand on réfléchit à l'idée d'« après », le mot « paix » est le mot-clé. La notion la plus importante.

Comment les formiez-vous à la paix ?

Faire la paix, c'était d'abord se réconcilier avec soi-même. Ensuite, ces femmes devaient se réconcilier avec Dieu. Se dire qu'elles avaient subi des violations du droit mais pas que Dieu les avait abandonnées. Enfin, venait le point si délicat de la réconciliation avec leur enfant. Cet enfant qu'elles ne voyaient pas comme le leur, cet enfant sans identité, elles se devaient de lui dire la vérité. Et de l'aimer. Ce n'était pas à nous, à SEVOTA, de dire la vérité à l'enfant, c'était à sa mère. Parfois, pour lui parler, elles ressentaient le besoin de marcher jusqu'à de beaux endroits, près du lac Kivu à l'ouest du Rwanda par exemple. Après avoir gravi les collines, elles voyaient sans doute les choses de plus haut. Et grâce à cette combinaison de hauteur et de beauté, elles pouvaient commencer à parler.

Ce que vous voulez dire c'est qu'il y a des moments dans cet « après ». Ici la vérité et la réconciliation... C'est « l'après après ». C'est à cela que vous travaillez...

Oui. Ces femmes vont beaucoup mieux aujourd'hui. Elles ne sont peut-être pas « guéries » mais elles disposent d'outils et de techniques pour gérer les séquelles de leurs traumas. Elles sont à nouveau intégrées dans leurs communautés et peuvent accompagner d'autres femmes qui n'ont pas été accompagnées. Aujourd'hui, quand je les vois sourire, converser entre elles avec facilité, répondre à leurs maris et tenir un discours de vérité à leurs enfants, je me dis qu'elles ont de quoi garder le sens et le goût de la vie.

Vous avez fait de cet engagement le combat de votre existence. Au plus profond de vous, qu'est-ce qui vous a conduite à cela ?

Pour le comprendre, il faut remonter à ma vie d'avant. Avant le 7 avril 1994. J'étais assistante sociale dans la commune de Taba, au centre du Rwanda. C'est là que j'ai rencontré mon mari, Emmanuel Rudasingwa, un Tutsi. Nous avons eu cinq enfants. Nous vivions heureux à Taba. Nous avions des terres et nous possédions un bar que nous avions peint en bleu et baptisé Amahoro, ce qui dans notre langue, le kinyarwanda, signifie « paix ». Encore une fois, on y revient. Mais, si vous l'aviez vu « après », tout avait été détruit, fouillé par les voisins, saccagé par les miliciens. Amahoro ! Le Bar de la Paix ! (Rires.)

Que s'est-il passé le 7 avril 1994 ?

C'est la date à laquelle tous les Rwandais possédant une carte d'identité avec la mention

« tutsi » inscrite dessus sont devenus officiellement des ennemis pour leurs frères Hutus. Le début d'une chasse à l'homme épouvantable, tout un peuple abattu comme du gibier. À l'époque, je pensais que ces hommes devaient avoir des démons dans la tête et le cœur, parce que, vous imaginez… courir derrière une enfant pour la violer, une jeune fille qui a peut-être l'âge de vos propres enfants… la barbarie totale. Mon mari et mes enfants se cachaient dans les collines. Pour moi aussi c'était difficile. On me voyait comme une traître parce que je m'étais mariée avec un homme appartenant à une classe sociale autre que la mienne. La plupart du temps, je ne savais pas où se trouvaient mes enfants, je les croyais morts jusqu'à ce que quelqu'un me dise qu'il en avait aperçu certains dans les collines. Je priais Dieu en me disant que, si nous survivions, je me lancerais dans une œuvre caritative. Par miracle, mon mari et mes enfants ont survécu. C'est ainsi que j'ai créé SEVOTA pour aider les personnes en souffrance.

Ensuite, avec mon mari, nous nous sommes engagés dans un processus pour demander justice pour les survivants. En 1996, il avait accepté de comparaître devant le Tribunal pénal international pour le Rwanda (TPIR). Mais quelques semaines avant de témoigner, il a été abattu ainsi que ma fille Angélique Mahoro Uwiringira, âgée de douze ans, le frère de mon mari, son fils et sept autres personnes.

Comment avez-vous réussi à vous relever et, coûte que coûte, à continuer SEVOTA ?

Cela a été très difficile. J'ai beaucoup réfléchi à la notion de pardon. À moi, personne n'a jamais demandé pardon, mais j'ai réussi à me convaincre que ce pardon qu'on ne me demandait pas, il fallait que je le donne, pour être en paix avec moi-même.

Et la confiance ? Comment avez-vous réussi à gagner la confiance de ces femmes ? Le fait d'être hutue a-t-il rendu le dialogue plus difficile ?

Cela peut vous paraître étonnant, mais je n'ai jamais senti la moindre réticence de la part de ces femmes. À l'inverse, quand on est activiste des droits de la femme et de l'enfant, on ne regarde ni la classe, ni l'ethnie, ni la région ou la colline d'origine. Ce que l'on voit, c'est la personne telle qu'elle est, la personne seule et qui souffre. Ne plus jamais raisonner selon des catégories ou des généralités, c'est un engagement que j'avais pris aussi lorsque mes enfants étaient cachés dans les buissons des collines et qu'on voulait les tuer.

Aujourd'hui, le Rwanda regarde vers l'avenir. Il se veut un pays de Rwandais unis, et non plus de Hutus, de Tutsis ou de Twas. Mais sur le terrain, la réconciliation a-t-elle vraiment eu lieu ?

Un gouvernement d'unité a été instauré après le génocide. Aujourd'hui, en effet, on ne parle plus de Hutus, de Tutsis ou de Twas. Nous n'avons plus qu'une identité commune : nous sommes tous Rwandais, sans plus de classes sociales. Des classes sociales bien artificielles du reste, car il faut comprendre une chose : on avait « enseigné » aux gens d'ici à se haïr mais ceux qui se haïssaient étaient frères. Nous avons la même langue, la même écriture, la même culture, la même foi ancestrale. Hutus et Tutsis ne sont pas des « ethnies », un mot qui d'ailleurs n'existe pas dans notre langue. Ces termes désignent des classes sociales liées au bétail. Quand le colonisateur belge est arrivé au Rwanda, dans les années 1920, il a immédiatement mis en place un système consistant à diviser pour mieux régner. Un système lié au nombre de vaches possédées par les uns ou les autres, par exemple Ou à des caractéristiques physiques comme la longueur du nez... Vous voyez à quel point ces distinctions étaient solides...

Revenons à ce qui incarne l'après, pour votre organisation : ces enfants issus du viol. Aujourd'hui, ils sont eux-mêmes en âge d'être parents. L'arrivée de ces petits enfants, va-t-elle compliquer encore la situation ? Ou au contraire la rendre plus simple ?

Bonne question. Aujourd'hui, les enfants nés de viols ont autour de vingt-cinq ans, ce sont des adultes. Certains sont à l'université, d'autres travaillent. Nous avons incité les jeunes femmes mariées à raconter d'emblée leur histoire à leurs maris. Quand elles ont eu des enfants elles-mêmes, nous, les femmes de SEVOTA, sommes allées leur rendre visite avec des cadeaux pour leurs bébés – sauf ceux nés pendant le confinement, évidemment ! Ces jeunes sont en majorité heureux dans leurs foyers. Il faut dire qu'ils ont tous participé au forum des jeunes dont je vous ai parlé et suivi des parcours thérapeutiques spécifiques. Et que, entre-temps, les choses ont évolué. Des procès ont eu lieu, des condamnations ont été prononcées. Grâce notamment aux témoignages de femmes très braves encouragées par SEVOTA, le viol a été requalifié dans le droit rwandais. Il est passé de crime de quatrième catégorie, l'équivalent d'un vol, à crime majeur de première catégorie, assimilable à un meurtre et absolument prohibé, y compris en temps de conflit. Tout cela a renforcé les femmes de SEVOTA et leurs filles dans leur détermination à communiquer, à se prendre en main et à se battre. Au-delà du Rwanda, sur le plan international, l'ONU aussi a changé son regard sur le viol de guerre et l'a reconnu comme acte génocidaire et crime contre l'humanité.

Dans un témoignage, l'une des femmes violées pendant le génocide raconte que les hommes tutsis étaient battus puis tués, mais que les femmes tutsies, on les traînait d'abord dans la brousse et qu'après les avoir violées, les miliciens enfonçaient des bâtons dans leurs vagins et les tuaient avec des piquets de bois. Elle raconte même que, dans son cas, ils lui avaient fait boire une bouteille de Tyodan, un pesticide qu'on utilise pour tuer les insectes. Autrement dit, suggère-t-elle, même dans la barbarie il subsiste une inégalité entre les hommes et les femmes…

D'où l'importance de témoigner, c'est ce que nous leur disons à toutes, mais dans un pays où le viol est tabou, cela demande un courage immense. Je vois à quel témoignage vous faites allusion. Dans le cas de cette femme, elle a eu la force de témoigner publiquement devant l'ancien bourgmestre de Taba. Elle était face à lui qui niait les faits alors que c'était lui qui avait donné les ordres. Mais elle le regardait dans les yeux et elle a tenu bon. Après le jugement, il a fait partie des rares à être condamnés (heureusement que la justice traditionnelle rwandaise, à travers les « gacaca »[1], a pu pallier les manques de la communauté internationale). Aujourd'hui quand elle en parle elle dit simplement : « Nous avons eu l'impression d'avoir été utiles. »

1. Après le génocide, les tribunaux et prisons ne fonctionnent plus. En 2001, quelque cent vingt mille prévenus sont toujours en prison, en attente de procès. Le manque de personnel et de moyens est tel qu'il faudrait plus d'un siècle à la justice classique pour juger l'ensemble des suspects. Le gouvernement décide donc de réactiver une procédure traditionnelle appelée *gacaca*, (prononcer « gatchatcha »). Celle-ci s'inspire d'une pratique ancestrale qui fait appel aux sages d'une colline pour régler un litige. Quelque onze mille tribunaux sont inaugurés, se fondant sur une justice participative : la population est à la fois témoin, juge et partie. Le principe est de réunir sur les lieux mêmes des crimes les protagonistes du drame : rescapés, témoins, criminels présumés. Ils débattent de ce qui s'est passé, encadrés par des « juges » non professionnels élus parmi la communauté et habilités à prononcer les peines. Seuls les individus soupçonnés de figurer parmi les « grands responsables » du génocide relèvent de la justice classique.

Ce courage qui est aussi le vôtre, d'où vous vient-il ?

Je dirais qu'il vient de ce que j'ai vécu pendant le génocide – la force de l'« après » –, mais aussi de la foi qui me porte, et enfin de l'exemple de ma mère. Cette femme, une paysanne, a toujours été pour moi un modèle. Mon père avait plusieurs épouses, parfois jusqu'à trois, et ma mère souffrait silencieusement de sa polygamie. Mais comme elle recherchait la paix, elle s'efforçait de vivre avec, positivement. Du reste, les autres épouses la respectaient. Elles la voyaient comme une mère. C'est elle qui nous a appris le courage et la persévérance. Nous avions des vaches et les pauvres des alentours savaient qu'ils pouvaient être accueillis chez ma mère qui les aidait toujours, sans condition. Souvent, en allant travailler, je pense à elle, à son silence et à sa dignité.

Où avez-vous passé votre jeunesse ?

J'ai grandi dans la région très rurale et montagneuse de Ndiza, dans le district de Muhanga. Mes parents étaient des agriculteurs. Dans mon enfance, je gardais les veaux. Et aussi mes petits frères et sœurs. (Rires.) C'était une région où la vie était familiale, communautaire, pacifique. On tressait des corbeilles. Si vous connaissez le

Rwanda, quand on va voir quelqu'un, on met sur la tête une corbeille tressée avec des cadeaux. Dans ma colline, j'ai été la seule à fréquenter l'école secondaire. J'ai bien failli d'ailleurs ne jamais faire d'études, car mes parents m'avaient fait quitter l'école primaire. Il a fallu que les enseignants aillent les voir pour les convaincre que j'étais intelligente et qu'il fallait m'y ramener. Après ça, j'ai réussi un examen d'État et j'ai été envoyée dans une école très loin dans l'ouest du pays. Je nous revois, mon père et moi. C'est lui qui m'a accompagnée. On est partis à pied, il n'y avait pas de moyen de transport. Le voyage a duré deux jours et une nuit jusqu'à ce que nous arrivions enfin chez ces religieuses de L'Assomption – c'était la première fois que je voyais une femme porter un voile. C'est là que j'ai poursuivi ma scolarité avant d'entrer à l'« école sociale » pour devenir assistante sociale.

Vous êtes toujours très positive. Vous parlez de réconciliation, de couples qui vont bien, de bébés qui naissent. Mais il y a forcément un envers de la médaille, des problèmes qui subsistent et qui, sans doute, s'exacerbent aujourd'hui sur fond de crise liée au Covid...

Bien sûr. Bien sûr. Quand je parlais de ce discours de vérité à tenir aux enfants, par exemple, je ne suis pas entrée dans les détails. Mais c'est en réalité très compliqué. Cela risque même de réenclencher le cycle de la violence. De créer d'autres traumas. Une femme m'a raconté qu'après avoir parlé à son fils et à ses autres enfants, ils ont tous voulu se venger, se venger de leur père et de leurs oncles parce qu'ils avaient fait du mal à leur maman. Une autre m'a dit que lorsque sa fille a su qu'elle avait un père génocidaire, elle s'est fâchée, a dit que ce n'était pas vrai, que sa mère disait cela parce qu'elle ne l'aimait pas et sa fille s'est mise à la frapper de toutes ses forces... C'est pourquoi les enfants eux aussi doivent être intégrés dans les programmes dont je vous parlais, pour les mettre à leur tour sur le chemin de la guérison du cœur et de la paix.

Quant au pays en général, bien sûr qu'il fait face à des problèmes. Avec la crise sanitaire mondiale, la perspective de croissance a été divisée par quatre. Mais globalement ce sont les mêmes problèmes qu'avant le virus. Surtout en milieu rural où l'on vit de l'agriculture et de l'élevage. Les mauvaises saisons, les pluies abondantes, le soleil qui vient à contretemps et qui abîme les plantes, la famine endémique, la pauvreté qui persiste : voilà les problèmes. Le plus aigu étant celui de la pauvreté. C'est la raison pour laquelle le gouvernement essaie de lutter avec un programme d'aide qui prévoit de donner aux gens des têtes de bétail, spécifiquement des vaches.

Et les problèmes liés à l'après-génocide ?

Le problème de l'après-génocide c'est l'éternel retour du traumatisme. Quand on a été traumatisée, on ne guérit jamais complètement. Surtout dans les périodes de commémoration. Ou bien quand je vois, par exemple, d'anciens camarades de classe de ma fille, la douleur revient. La plaie se rouvre. Je pique des crises et la dépression n'est jamais loin.

Que faites-vous alors ?

Des mouvements physiques, des exercices de traitements de trauma (TTT), je chante, je danse, je lis la Bible. Mais ce qui me réussit le mieux, c'est de me rendre à la rivière. C'est une petite rivière qui serpente entre les champs dans un endroit où je plante des bananes, des patates douces et des légumes. C'est curieux, mais c'est cela qui me guérit. Observer l'eau qui bouge, l'eau qui marche et qui part...

C'est intéressant, parce que dans les thérapies comportementales, en Occident, parmi les techniques visant à lutter contre le stress, on fait visualiser une rivière et on dit au patient : imaginez une feuille d'arbre, mettez tous vos soucis sur cette feuille, vos angoisses, vos inquiétudes, puis posez la feuille à la surface et regardez-la s'éloigner au fil de l'eau.

Eh bien, moi je fais cela en action, pas en imagination. J'y vais, j'apporte un pagne, je m'assois au bord de l'eau, j'observe les oiseaux qui viennent là, eux aussi. Parfois, je jette des brindilles dans le courant et je les regarde s'en aller. Ou des fleurs cueillies dans mon jardin que je regarde passer comme les traumas qui passent. Au moment où elles s'éloignent, je ris, je chante. Des chants religieux ou traditionnels. Je peux même inventer des chansons que j'enregistre sur mon téléphone.

[Godelieve Mukasarasi se met à chanter. « C'est un chant religieux rwandais, dit-elle. Il dit que quand tu as choisi une belle voie, une bonne route, tu dois continuer à avancer parce que Dieu est avec toi, à condition que tu veuilles la paix. »]

À aucun moment vous n'avez douté de votre foi, même aux pires moments de la barbarie, quand vous étiez vous-même confrontée à l'indicible, à la perte des êtres chers ?

Ah si, très souvent, je me suis révoltée. À titre d'exemple quand mon mari et ma fille ont été assassinés, ma fille avait douze ans, elle venait de terminer l'école primaire, elle était si douce et intelligente. Ce jour-là, j'ai piqué une crise contre le divin. J'ai dit à Dieu : « Eh bien ! Vraiment, Dieu, si c'est ça la récompense que tu me donnes pour toutes ces personnes que j'ai tâché d'aider. » Mais quand les femmes que j'accompagne sont toutes venues me voir, je me suis dit qu'il y avait là une signification. J'ai pensé : « Je dois connaître la douleur comme d'autres personnes parce que c'est le principe de la vie terrestre. Et pourtant il faut continuer à vivre. À vivre pacifiquement. » Alors j'ai poursuivi mon travail d'accompagnement.

Ce prénom, Godelieve, que signifie-t-il ?

En flamand, cela veut dire « Amour de Dieu ». Sur Google, j'ai lu que sainte Godelieve fut, en Belgique, une fille de monarque mariée à un homme qui la maltraitait. Sa belle-mère la détestait. Alors Godelieve est retournée chez ses parents mais ils n'ont pas voulu d'elle, ils ont même rappelé son mari pour qu'il la reprenne. La violence a continué, mais Godelieve aimait les pauvres et donnait à manger aux plus vulnérables, c'est ce qui la faisait tenir. Pourtant, un jour, son mari l'a convoquée et l'a fait étrangler avec un bandeau rouge. Puis il s'est remarié et de ce remariage est né un enfant aveugle qui n'a retrouvé la vue que lorsque ses parents sont allés prier sur les lieux où Godelieve avait été assassinée. Bref, encore une fois, j'ai lu ça sur Internet mais ce que j'ai retenu, c'est que Godelieve fut certes victime de la violence humaine, elle qui était si vaillante et si bonne, mais aussi qu'aider l'autre était pour elle une thérapie.

Un peu comme pour vous ?

Bien sûr. Vous me demandiez tout à l'heure ce qui me donnait de l'espoir vingt-cinq ans après le génocide. L'espoir pour moi repose sur l'éducation. Moi je suis à l'âge de partir. Mais, derrière, il y a la nouvelle génération qu'il faut absolument éduquer dans la paix, ce qui est l'affaire de tous. Nous devons tous unir nos forces pour que nos jeunes grandissent dans ce cadre d'unité et de réconciliation. Mais à l'échelle de l'individu, je crois vraiment que s'engager envers les autres est source de force et d'énergie.

Pour moi, c'est la thérapie première. Quand je vois une femme que j'ai accompagnée qui, à son tour, en accompagne une autre, cela me réjouit. Et me guérit. Ces femmes m'aident. Elles me rendent dignes et moi aussi je les aide à conquérir leur dignité.

Au fait, on vous surnomme « Uboneye », qu'est-ce que cela signifie ?

Cela veut dire « la Transparente, la Juste ».

ISABELLE AUTISSIER

« Elles ne savaient pas que c'était impossible,
alors elles l'ont fait… »

Ce sont ses pupilles bleues qui, les premières, apparaissent à l'écran. Ces grands yeux couleur de ciel qui, du Groenland à la Patagonie et de l'Arctique à l'Antarctique, ont scruté l'horizon sur tous les océans du globe. En 1991, Isabelle Autissier était la première femme à boucler un tour du monde en solitaire. Navigatrice talentueuse, aventurière intrépide, cette ingénieure halieute (spécialiste des ressources marines) préside aujourd'hui la branche française du World Wildlife Fund (WWF). Comme la toundra immense ou les paysages de glace, la vie sauvage l'émeut en même temps qu'elle l'inspire. Elle montre dans ses livres la majesté et la fragilité de cet équilibre naturel qui ne tient qu'à un fil.

En visioconférence depuis La Rochelle – son port d'attache, d'où elle part trois mois par an pour reprendre la mer –, elle se dit hantée par la vision d'une Terre où toute biodiversité aurait disparu. Une planète comme un « caillou chauve ». Car pas plus que l'univers sophistiqué dans lequel il évolue ou les civilisations brillantes qu'il a bâties, l'Homo sapiens n'est immortel. Ce que nous enseigne d'abord cette crise du Covid-19, c'est que maltraiter la biodiversité, c'est maltraiter l'humain. De même pour le climat : « Ce que nous infligeons à la planète, nous nous l'infligeons à nous-mêmes. » Les sociétés développées doivent sortir du déni et reconnaître humblement que « l'homme est un animal comme les autres » obligé de se glisser dans le cadre naturel parce qu'il n'a pas le choix. Elle ne donne pas de conseil miracle mais quelques pistes pragmatiques que chacun pourra mettre en œuvre : exploiter sa matière grise (« Une des rares ressources sur cette planète qui soit notoirement sous-exploitée »), cultiver la confiance en soi mais aussi la modestie, éduquer son regard, apprendre à s'émerveiller.

Vous avez vécu d'autres crises écologiques et sanitaires. Avec le recul, qu'est-ce qui vous a finalement le plus surpris dans la pandémie du Covid-19 ?

Certainement pas la pandémie elle-même en tout cas ! Quand on s'intéresse aux questions d'environnement, on sait depuis longtemps que l'émergence de nouveaux virus est un des risques majeurs de la dégradation de la biodiversité. Cela a été très largement documenté scientifiquement. En 2005, un rapport de l'ONU établissait déjà le rapport entre déforestation et pandémies. Dès les années 2008, des études, en particulier chinoises, ont précisément décrit la menace d'une maladie émergente susceptible de plonger la planète dans le chaos. À moindre échelle, nous avons tous constaté, depuis quelques années, l'accélération d'épidémies comme Ebola, le SRAS, le MERS ou la grippe H1N1, dont il a été prouvé qu'elles avaient toutes un lien avec des atteintes à la nature. Le fait que cette pandémie nous tombe sur la figure ne m'a donc pas profondément étonnée. Ce que j'ai trouvé plus surprenant, en revanche, c'est le nombre de gens qui pensaient encore que c'était impossible ou que cela relevait de la science-fiction.

Peut-on éclairer plus précisément ce lien dont vous parlez entre atteintes à la nature et émergence d'épidémies nouvelles ? Cette idée qu'en détruisant son biotope et en malmenant la vie sauvage, l'humain se rend lui-même potentiellement malade…

En effet, ce que nous infligeons à la planète, nous nous l'infligeons à nous-mêmes. Dans le cas précis des virus, maltraiter la biodiversité, c'est prendre le risque de mettre en relation des espèces vivantes qui normalement n'auraient pas dû se rencontrer. Ensuite, à cause de la mondialisation, le virus peut circuler très vite. Mais au départ, c'est bien cette promiscuité qui rend possible le franchissement de la barrière des espèces, en l'occurrence le passage du virus d'un animal sauvage à l'humain. Pour ce qui est du Covid, on peut supposer que, sur le marché de Wuhan, où l'on trouve beaucoup d'animaux sauvages vivants, des chauves-souris ont déféqué sur des pangolins qui se trouvaient dans la cage du dessous, et que des humains ont ensuite mangé ces pangolins. Pourquoi trouve-t-on des pangolins sur les marchés chinois ? Simplement parce que la médecine traditionnelle chinoise lui attribue des vertus thérapeutiques.

Qui en l'occurrence n'ont aucun fondement. Mais des croyances encore vivaces veulent que ses écailles, notamment lorsqu'elles sont séchées et rôties, voire cuites dans de l'urine de garçon, aient le pouvoir de guérir l'anxiété maladive, les enfants suragités, les « femmes possédées par le démon ou par des ogres »...

D'où le fait que cet animal qui est en voie de disparition fait l'objet d'un braconnage éhonté.

Les scientifiques montreront peut-être que le pangolin n'est finalement pas en cause dans le cas précis du Covid-19, qu'il s'agit peut-être plutôt de la civette masquée par exemple, comme dans le cas du SRAS au début des années 2000. Ce que je veux dire, c'est que les animaux-hôtes du virus ont beau varier, le processus est toujours le même : en créant une promiscuité entre des espèces qui n'auraient jamais dû être en contact, l'homme crée des ponts pour les virus et autres parasites. Cela, tous les scientifiques le savent, ils l'ont écrit depuis longtemps. Alors, arrêtons de dire que cette crise est sans précédent, qu'elle ne ressemble à aucune autre ou qu'elle n'avait pas été annoncée. Puisqu'on sait que l'on savait.

Et pourtant le fait est que ces mises en garde, les pays ne les ont pas entendues, ou n'ont pas voulu les entendre. Qu'est-ce qui s'est passé selon vous ?

Oh, simplement ce qui se passe avec l'accélération des pollutions, la question de l'eau, et tout le reste. Une grande partie de l'humanité est prisonnière d'une forme d'autisme et se complaît dans un déni de réalité absolu. Nous savons, mais nous faisons comme si la menace n'existait pas. Je pense que nous souffrons d'un déficit complet d'imagination au sens profond du terme, c'est-à-dire qu'on est incapable de se représenter les conséquences de ces différentes atteintes à notre milieu vivant, incapable de se représenter exactement ce que veut dire une planète à plus deux degrés ou une planète à plus cinq degrés. Et même si on arrivait à se le figurer, l'être humain est ainsi fait, peut-être, qu'il se dit que ce n'est pas possible, que c'est « trop ». On a vu cela lors de nombreux moments historiques. Je lisais récemment un article sur l'arrivée aux États-Unis d'un rescapé des camps de la mort. Il est juif, il réussit à s'évader et, en pleine guerre, il va chercher le soutien d'autres juifs, américains ceux-là. Il se retrouve devant une assemblée qui pourrait l'aider, faire pression, à laquelle il décrit ce qui se passe dans les camps de concentration. Mais il se heurte à des gens qui lui disent : « Nous voulons bien croire que vous ne mentez pas, mais ce que vous dites n'est absolument pas "croyable". Personne ne vous croira parce que ce que vous décrivez est trop énorme, trop inimaginable, pour que qui que ce soit vous accorde sa confiance. » Au fond, la vraie question est peut-être celle-là. À long terme, cette pandémie pourra-t-elle quelque chose contre le redoutable virus du déni ?

Il paraît que notre cerveau est programmé pour que nous « oubliions » certains épisodes traumatiques. Quand l'enfant apprend à marcher, il faut qu'il oublie qu'il peut tomber, sinon il serait paralysé de peur. De ce point de vue, l'oubli est sain. Mais revenons à l'épisode que vous racontez. Force est de constater que l'oubli ou le déni ne triomphent pas toujours à travers l'Histoire des hommes. Dans le cas de l'Holocauste, même si des écrivains comme Primo Levi, Robert Antelme ou Imre Kertesz ont parfaitement décrit cette incrédulité totale à laquelle ils se sont heurtés à leur retour, et qui fut pour eux une terrible blessure supplémentaire, la vérité a fini par éclater, les opinions publiques ont pris la mesure de la tragédie, des lois ont été votées. Ne pensez-vous donc pas que cette crise de 2020, par son ampleur planétaire, puisse jouer à terme le rôle d'un déclencheur historique ?

C'est difficile à dire. Je pense que la magnitude du séisme pourra peut-être jouer en ce sens. D'autant qu'on est loin d'en avoir vu toutes les conséquences. Dans les pays du Sud, elles apparaissent immédiatement, car c'est tout de suite que la situation est dramatique. Si vous confinez quelqu'un au jour J, il ne mange pas au jour J +1. La question de la faim se pose immédiatement. Dans les pays du Nord, en revanche, les conséquences n'apparaissent que peu à peu, ce qui ne veut pas dire qu'elles sont moindres ou moins durables. En l'occurrence, ce qui a émergé c'est le sentiment de la fragilité. Les sociétés dites avancées se pensaient surpuissantes, elles pensaient posséder des technologies capables de résoudre tous les problèmes. Mais elles ont compris qu'il suffisait d'un virus de quelques centaines de nanomètres, inconnu et venu de très loin, pour arrêter du jour au lendemain leurs belles mécaniques économique et sociale. Ce sentiment de fragilité, je pense qu'il perdurera. Il n'aura pas l'effet d'une baguette magique, mais il produira des effets au long cours.

Lesquels selon vous et seront-ils suffisants ? Mettons que les peuples occidentaux aient, jusqu'à un certain point, pris la mesure de leur vulnérabilité. De là à penser, au plus profond d'eux-mêmes, qu'ils ne sont que des habitants parmi d'autres sur cette Terre et que leur empreinte doit être la plus légère possible, il y a encore du chemin à faire. Car ce réflexe commode qui consiste à se penser au-dessus du reste et capable de tout résoudre vient de très loin. Vous le montrez parfaitement dans votre livre *L'Amant de Patagonie*.

C'est une véritable révolution mentale qu'il faudrait accomplir…

Ce roman, où je mets en scène la rencontre de colons blancs européens avec des populations de chasseurs-cueilleurs en Terre de Feu au XIXe siècle, me permet d'opposer simplement deux visions du monde. L'une pour laquelle l'homme fait partie intégrante de la nature, il est un animal comme les autres, avec simplement un cerveau un peu plus développé : il doit donc se couler dans le cadre naturel existant. Et l'autre, qu'on pourrait appeler judéo-chrétienne, qui place l'humain au-dessus du reste de la nature et l'investit d'une quasi-« mission » consistant à la dompter, à l'organiser et à la faire fructifier à son seul bénéfice. Cette seconde approche a, on le sait, pris l'ascendant sur beaucoup d'autres. Elle a permis de développer des merveilles d'ingéniosité et d'innovations technologiques, mais elle bute aujourd'hui sur les limites d'une planète qui n'est pas extensible. Vouloir toujours plus de croissance dans un monde fini est irréaliste et autodestructeur. D'où l'urgence d'abandonner ce point de vue « utilisateur » et de nous creuser la tête pour trouver des modèles de société qui nous permettent de vivre sans déséquilibrer le milieu dont nous dépendons. Nous avons un atout de taille : la matière grise. C'est une des rares ressources sur cette planète qui soit notoirement sous-exploitée.

Mais ce discours on l'entend depuis cinquante ans. Et on voit bien que, depuis tout ce temps, il n'a guère d'influence sur les grands déséquilibres. Qu'est-ce qui fait que, cette fois, à la faveur d'une pandémie et d'une crise économique, les comportements pourraient profondément et durablement changer ?

La peur, malheureusement, la peur concrète. Pour caricaturer, on pourrait dire que si une bonne partie de la population fait bien le lien entre la dévastation de la nature et le fait qu'elle va perdre son boulot, elle va vouloir agir plus vite, plus efficacement. Et il y a d'autres peurs. Dans les pays riches, le mouvement citoyen de la jeunesse qui manifeste me semble être un acteur intéressant. Disons les choses comme elles sont : les jeunes qui manifestent aujourd'hui – sur le climat et un ensemble d'autres sujets – sont plutôt des jeunes éduqués, enfants de familles CSP+, c'est-à-dire des gens qui sont aujourd'hui globalement « aux manettes ». C'est cette forme de réflexivité à l'intérieur de ces familles qui m'intéresse. La génération des parents entend leurs enfants dire : « Moi, je ne ferai pas d'enfants parce que je ne veux pas d'enfants dans ce monde qui va mal. » Sur le terrain, beaucoup de dirigeants, de gens éduqués, m'en font part. Pour caricaturer, ils me disent : « Moi aussi, j'ai ma Greta Thunberg à la maison. » Soudain, la tranche d'âge des quarante-soixante ans, des gens qui ont du pouvoir, se rend compte que la génération de ses enfants possède une inquiétude fondamentale sur la survie de la société, et cela contribue de manière assez forte, me semble-t-il, à une véritable réflexion.

Mais la peur ne suffit pas…

Non, le vrai moteur doit être le désir. Il faut vraiment proposer aux jeunes générations un avenir plus attractif que le monde du consommer toujours plus. Sinon, on risque de rester dans le sempiternel : « Ça ne me concerne pas, de toute façon, moi, je suis un pauvre citoyen, je fais ce que je peux, c'est à l'État de se démener pour me donner tout ce qu'il me faut, ce à quoi je pense avoir le droit. » Or autant les droits humains sont fondamentaux, autant le droit d'avoir un SUV ne l'est pas !

Ensuite, il faut baliser un chemin vers cette société plus désirable. Au sortir d'une pandémie comme celle-ci, la grande question que posent beaucoup de gens c'est : « On veut bien changer, mais on ne peut pas changer du jour au lendemain. Alors comment fait-on ? » Ça ne peut être que progressif. Si ce n'est pas progressif, si c'est disruptif, ce sera extraordinairement violent. Donc, comment fait-on pour passer d'une société A à une société B ? Comment balise-t-on la route pour qu'elle soit claire et concrète ? Quelles échéances se donne-t-on qui ne soient pas des échéances à 2040 ou 2050, mais des jalons atteignables à un an, deux ans, dix ans peut-être. Enfin, ces actions doivent être chiffrées, mesurables, et l'on doit s'interroger sur la manière d'en partager les fruits démocratiquement. Partage des données et des résultats, une contribution juste pour chaque secteur de la société : c'est une feuille de route pragmatique et banale peut-être, mais je n'en vois pas d'autre.

Avez-vous un exemple précis qui montre que de tels changements de comportements sont possibles et qui vous donne de l'espoir ?

La question de l'alimentation en est un. Il y a dix ans, manger bio c'était être écolo et bobo. Aujourd'hui, le bio connaît une croissance à deux chiffres. Il est présent dans tous les supermarchés, dans certaines cantines. Le virage s'est pris relativement vite, et la crise l'a encore accéléré. Désormais, dans l'esprit du public, l'alimentation est corrélée à la santé et à l'environnement.

De plus en plus, alimentation de qualité rime avec production de saison, produits locaux sans pesticides, circuits courts. On pourrait mentionner aussi le retour des variétés anciennes, des goûts qu'on avait oubliés à cause de la standardisation de l'agriculture… Ce n'est qu'un exemple, mais il est encourageant.

Si l'on se fait l'avocat du diable, on peut aussi voir le verre à moitié vide et se dire que le problème de la « malbouffe », si souvent lié avec celui de la pauvreté, demeure majeur dans nos sociétés. C'est intéressant de le souligner parce que, dans le cas du Covid, le virus s'attaque justement aux personnes en surpoids. On voit donc que, quelle que soit l'approche que l'on retient – que l'on considère la maltraitance de la biodiversité, la déforestation ou les trafics d'animaux sauvages qui rendent possible l'apparition du virus, la mondialisation et la concentration démographique dans les grandes zones urbaines et les transports aériens qui favorisent sa diffusion à toute vitesse, ou encore l'agriculture industrielle qui favorise malbouffe et surpoids et fait que le virus se trouve tout de suite des victimes –, tout ça concourt à favoriser ce genre de pandémie. En somme,

l'homme va « chercher les virus », et ensuite il crée des autoroutes pour leur circulation !

En effet, le Covid-19 était presque un cas d'école pour illustrer le processus d'autodestruction que l'humain a mis en place. Et ça n'est qu'un début. Des épidémies, il y en aura d'autres.

D'où l'intérêt de revenir à la question : comment passe-t-on rapidement d'une société A à une société B ? On voit aujourd'hui que de nouvelles formes d'activisme se structurent, avec des méthodes nouvelles, plus ou moins en opposition aux États, comme c'est le cas par exemple pour Extinction Rebellion. Est-ce selon vous une manière positive d'avancer ? Peut-elle apporter plus de résultats que la manière traditionnelle ?

Il n'y a pas de mauvaises manières d'avancer. Je pense qu'il en va de la biodiversité des organisations humaines comme de la biodiversité tout court. Plus elle est importante et plus les sociétés sont vivantes. Il y a de la place pour tous. Pour les organisations réformistes comme celle que je préside, le WWF France, comme pour des organisations disons plus « punchy » qui nourrissent le débat, parce qu'elles mobilisent des secteurs différents de la population et sont une source de créativité différente. Dès lors qu'ils ne franchissent pas la barrière de la violence physique, je trouve ce type de mouvements parfaitement sains.

Seriez-vous en faveur d'une forme d'« actions directes » comme dans le film *Woman At War*, de l'Islandais Benedikt Erlingsson, où une femme tire à l'arc dans une ligne à haute tension et déclare la guerre à l'industrie locale de l'aluminium pour protéger les Hautes Terres islandaises ?

Ce film est une très belle parabole, mais dans la réalité, nul n'a réussi à contrer l'industrie en question. Je suis allée en Islande et j'ai longé cette usine qui existe toujours et continue à produire des émissions de gaz à effet de serre déplorables ; qui continue aussi à être un effet désastreux de la mondialisation puisqu'on va chercher le minerai ailleurs, là où il n'est pas cher, qu'on le transforme dans cette usine et qu'on le rembarque ailleurs. Malheureusement, tout cela continue. Aussi, pour en revenir à ce film prophétique, je pense que la désobéissance civile n'est positive que lorsqu'elle est encadrée par un mouvement général. Se mettre à agir différemment, tout à coup et en grand nombre, peut alors devenir une arme. On pourrait, par exemple, imaginer que, collectivement, on se mette à manger moins de protéines animales. Ou que, collectivement, on commence à demander des comptes aux banques qui gèrent notre épargne... Ce serait un signal intéressant adressé non seulement aux gouvernements, mais aussi aux entreprises qui, elles aussi, gouvernent en partie nos sociétés.

Et le droit ? Les procès ? Quid de grands procès comme ceux faits jadis aux fabricants de tabac ? On peut aussi penser à cette « jurisprudence de la Terre » dont on semble observer la montée en puissance et qui reconnaît des droits à différents écosystèmes. En Australie, les lois environnementales n'ayant pas réussi à enrayer les menaces qui pèsent sur la Grande Barrière de corail, certains prônent pour qu'on lui reconnaisse ses propres droits. En Nouvelle-Zélande également, la rivière Whanganui a été déclarée « Legal Person », comme en Inde, le Gange. Cela signifie qu'il est possible d'aller en justice au nom d'une entité naturelle, un fleuve, une forêt, un récif corallien unique au monde...

Bien sûr, l'arme juridique fait partie de l'arsenal. C'est pour ça qu'il est extrêmement important de s'attacher à l'écriture de la loi. Je suis assez intéressée par ces mouvements à travers le monde qui donnent des droits à la nature et donc le droit à des citoyens, des associations, des groupements, d'aller en justice au nom d'un élément de la nature. Quant aux grands procès, prenez ne serait-ce que Monsanto qui a des centaines de milliers de procédures sur le dos. Au WWF, nous sommes en train de faire évoluer nos statuts pour pouvoir nous porter partie civile dans un certain nombre de cas, par exemple un trafic d'animaux sauvages qui transiterait par la France.

Mais l'arme juridique ne suffit pas. D'abord parce qu'on ne va pas passer notre temps à judiciariser la société. Ensuite, parce que prévenir vaut mieux que guérir : il est plus judicieux de faire diminuer le nombre d'atteintes à la nature plutôt que de faire des procès une fois que les atteintes sont faites. Si on passait notre temps dans les tribunaux, ce serait la preuve qu'on aurait raté quelque chose.

À propos de rater quelque chose, vous disiez tout à l'heure que nos sociétés souffraient d'un déficit d'imagination. Cette imagination, est-ce à l'école de la « réensemencer » ou de la « fertiliser » comme vous dites parfois ? Qu'attendez-vous du système éducatif dans les années qui viennent ?

Ce qui me frappe chez les jeunes, c'est une déconnexion complète avec la nature. On connaît tous l'histoire de l'enfant qui dessine un carré quand on lui demande de dessiner un poisson. Je pense que beaucoup seraient incapables de distinguer une feuille de chêne d'une feuille de buis, alors qu'ils peuvent, au premier coup d'œil, reconnaître le sigle d'une grande multinationale. L'éducation doit d'abord recréer cette familiarité avec la Terre, en faisant comprendre que nous sommes dans tous les actes de notre vie entièrement dépendants de la nature, ne serait-ce que parce que nous respirons pour moitié grâce au plancton des océans, par exemple… Mais elle doit aussi piquer la curiosité. Donner envie de poser des questions, de comprendre « comment ça marche ». La curiosité est une plante qui se cultive. Les adultes doivent attirer l'attention des plus jeunes sur ce qui est beau. Leur apprendre à s'émerveiller.

Comment apprend-on à s'émerveiller ?

En bateau quand je suis avec des jeunes, je leur demande d'observer l'océan. La couleur de l'eau – verte s'il y a du plancton, bleue foncée dans les profondeurs, grise si des nuages s'y reflètent –, la forme des vagues, rouleaux, moutons, ridules. La houle… La nuit, je les invite à regarder longuement le ciel. Les villes sont saturées de lumière, beaucoup d'enfants ne voient jamais le ciel nocturne. Personne ne leur a expliqué que la lune a des cycles, que ces points scintillants qu'ils voient au loin sont de la lumière fossile. Je les encourage à prendre le temps de savourer et d'apprécier. L'éducation ne devrait pas seulement porter sur le savoir et le raisonnement, mais aussi sur l'éveil esthétique. Il serait bon d'apprendre à voir de manière affective en faisant marcher ses sens. Pour contempler le monde comme on admire une œuvre d'art.

Vous-même, vous souvenez-vous de votre premier émerveillement ?

J'avais six ans et on m'avait emmenée sur un tout petit dériveur en bois. La mer, l'océan, le bruit de l'eau, le vent sur le visage, les voiles qui claquent, cette aventure qui consistait à aller sur l'île d'en face, j'ai trouvé tout cela sublime. Chaque été, avec mes parents et mes quatre sœurs, nous partions en vacances à Lancieux, dans les Côtes-d'Armor. Je ressentais profondément que l'élément marin était mon univers, alors même que j'étais une petite fille de la banlieue parisienne. Très vite, j'ai su que toute ma vie se déroulerait autour de cet élément. J'ai fait des études pour cela, je suis devenue ingénieure agronome, spécialisée en halieutique, c'est-à-dire la science de l'exploitation des ressources de la mer, la pêche, l'aquaculture... Sur une promo de quatre-vingts élèves nous devions être cinq filles à l'école d'agro de Rennes ! J'ai travaillé dans la recherche puis comme enseignante à l'école maritime et aquacole et, parallèlement, je construisais un bateau.

Vous rêviez déjà de la grande aventure...

J'avais lu Alexandra David-Néel et tous les récits de grands marins. Depuis longtemps, je rêvais du cap Horn et des mers du Sud. En 1987, quand je me suis lancée dans la course au large, c'était l'avènement d'un rêve de gamine, l'aboutissement de cet éblouissement premier. Le pari était risqué. En arrivant à Newport, en 1991, après mon premier tour du monde en solitaire, quand j'ai vu se profiler la côte américaine, j'ai su là aussi que « l'après ne serait jamais comme avant ». J'avais bouclé ce tour, ça, personne ne pourrait jamais me l'enlever, et je savais que ma vie d'après serait en quelque sorte du « bonus ». On joue toujours gros avec ses rêves d'enfant. Mais quand on a la chance de les voir s'accomplir, quel apaisement, quelle sérénité !

L'éducation que vous aviez reçue a compté pour beaucoup…

Oui, enfant, j'ai toujours été entourée d'adultes qui m'ont encouragée et fait confiance. Ma famille m'a appris l'autonomie, la liberté, le sens de l'engagement. L'idée que je choisisse moi-même ma voie était normale. Mes parents me disaient souvent : « Tu veux faire ça, ma fille, d'accord, prends tes cliques et tes claques, prends tes mains et ta tête et fais-le. » Ils m'ont donné une confiance en moi gigantesque. À quatorze ans, j'étais en mer seule toute la journée. Ils savaient que je pouvais naviguer, c'étaient eux-mêmes qui m'avaient appris. Ils n'étaient pas inquiets. Seulement, le soir, si je n'étais pas rentrée assez tôt, ils hissaient un drapeau que je voyais du large. C'était le signal. Aujourd'hui, la société est beaucoup plus sécuritaire et l'on bride davantage les enfants. Je pense que mes parents seraient stigmatisés de nos jours, montrés du doigt.

Est-ce cela qui a déterminé votre sens de l'engagement ?

La confiance est importante mais ils m'ont aussi enseigné que rien ne tombe tout cuit dans le bec. Que les choses sont le fruit de longues années de travail, d'apprentissage et d'énergie. Mais, chaque fois que j'ai fait des projets, j'ai toujours fait ce que je voulais. Et personne ne m'a dit que je n'y arriverais pas. La philosophie à la maison, la culture dans laquelle j'ai baigné, c'était plutôt : « Si tu n'essaies pas, tu ne sauras jamais si tu en es capable. » C'est un peu comme pour le monde de demain. Ou plutôt d'aujourd'hui. Il y a des causes difficiles mais pas de causes perdues d'avance. Vous connaissez cette phrase de Mark Twain – une formule qui a été reprise par des manifestants de mai 1968 et que j'aime beaucoup ? « Ils ne savaient pas que c'était impossible, alors ils l'ont fait. » On pourrait l'adapter à ce livre : « Elles ne savaient pas que c'était impossible, alors elles l'ont fait… »

FANG FANG

« J'ai peur qu'une nouvelle révolution culturelle n'éclate en Chine. »

Autrice de plus de quatre-vingts romans et essais, maintes fois primée, Fang Fang, est l'une des plus célèbres écrivaines chinoises. Manutentionnaire pendant la Révolution culturelle, elle rejoint ensuite l'université de Wuhan où elle étudie les lettres, se prend de passion pour le roman, et découvre que « les mots donnent de la force ». Les siens en tout cas ont soutenu des millions de ses compatriotes pendant toute la période du confinement dans la province du Hubei. Chaque soir, sur Weibo, Fang Fang publiait un texte de ce qui est devenu son Journal de Wuhan. Une chronique méticuleuse du quotidien nourrie entre autres de ce que lui racontaient ses amis médecins sur l'état des hôpitaux. Ainsi, de la microhistoire du balayeur continuant à balayer les rues de Wuhan désertes à la grande histoire de la deuxième puissance mondiale en plein chaos, sa quête de vérité et de justesse dans un pays où l'opacité fait loi, est vite devenue une source que nombre de Chinois considéraient comme plus fiable que les informations officielles. Mais elle a aussi valu à Fang Fang d'être étiquetée comme « dissidente » et à ses livres de se voir censurés et retirés de la vente en Chine. Et maintenant ? Demain sera comme avant, regrette-t-elle, car « l'expérience est comme une lanterne que l'on porte dans le dos et qui n'éclaire jamais que le chemin parcouru ». Comme avant ou même peut-être pire si, comme elle le juge plausible, la Chine s'engageait sur la voie « absurde » d'une nouvelle révolution culturelle.

Avec le recul, qu'est-ce qui vous a le plus surprise dans cette crise du Covid-19 ?

Un mot me semble particulièrement approprié pour qualifier cette crise : « vitesse ». Il y a d'abord la vitesse à laquelle s'est diffusé le virus. Je n'aurais jamais imaginé qu'en quelques mois à peine, il se serait répandu dans le monde entier. Et puis il y a la vitesse à laquelle les gens ont oublié. Cet hiver, les Wuhanais ont connu une véritable tragédie, qui les a laissés complètement abattus. Et voilà que trois mois plus tard, ils ont oublié tous les drames qui les ont frappés. Tout le monde à Wuhan fait l'éloge du combat grandiose mené contre l'épidémie, plus personne ne semble se souvenir de ce qui a conduit ce virus à se propager comme il l'a fait, jusqu'à provoquer une panique généralisée. Plus personne ne semble se souvenir des raisons qui ont conduit à la mort de tant de Wuhanais. Plus personne ne semble se souvenir que des gens ont manqué à leurs responsabilités et qu'ils devraient être sanctionnés pour cela. Au point qu'on a un peu l'impression que ces soixante-seize jours de confinement furent en réalité une longue période de fête, un moment exceptionnel dont on devrait se réjouir, et non une période de claustration due à une catastrophe ayant semé la mort et la destruction parmi d'innombrables familles. Cet état de choses me surprend au plus haut point, j'ai du mal à comprendre.

On vous a collé une étiquette de rebelle, de dissidente. Est-ce justifié ?

Je ne crois pas être une rebelle, et personne ne m'a jamais considérée comme dissidente (à l'exception des ultranationalistes, pour qui toute personne qui ne flatte pas les autorités doit être étiquetée comme telle). Je suis simplement une écrivaine, la littérature est mon domaine. À ce titre, je m'intéresse à la marche du monde et à la vie des gens. Je m'efforce d'être une personne droite, je ne supporte pas le politiquement correct, la suprématie du politique sur tout le reste. J'attends des autorités qu'elles se fondent sur les faits pour définir leur action, et qu'elles fassent du bien-être du peuple leur priorité. J'attends aussi du gouvernement qu'il réponde avec honnêteté aux questions de la société et qu'il sache regarder en face les erreurs qu'il lui arrive de commettre. Cela ne va pas plus loin.

Vous avez pris la plume très tôt, aux premiers jours de la crise, comme écrivaine mais presque aussi comme journaliste. Parce qu'il était de votre responsabilité de faire savoir ce qui se passait à Wuhan ?

J'ai beau avoir travaillé plusieurs années pour la télévision, le journalisme n'est pas mon métier. Au moment où Wuhan a été placée en quarantaine, je n'avais pas le projet d'écrire quoi que ce soit sur ce que nous vivions. Une catastrophe était en train de se produire, j'étais très démoralisée. Si j'ai commencé à prendre des notes le troisième jour, c'est parce que le rédacteur en chef de *Shouhuo*, la revue littéraire de Shanghai, m'a contactée afin de me demander si je serais d'accord pour écrire un texte sur la quarantaine de Wuhan. J'ai décidé de prendre quelques notes en vue de cet article et je me suis mise à décrire quotidiennement, sur mon compte Weibo, ce qui se passait à Wuhan. Au début, je n'avais pas imaginé que j'aurais tant de lecteurs, j'écrivais au fil de la plume. Mais au bout d'une dizaine de jours, j'ai appris que plusieurs dizaines de millions d'internautes suivaient mon journal. Je me suis alors dit que j'avais une responsabilité et qu'il me fallait écrire ces notes avec plus de rigueur. C'est le moment où j'ai commencé à m'enquérir de l'épidémie auprès d'amis médecins.

À travers ce journal, vous partagiez votre quotidien avec le grand public. Avez-vous hésité avant de le faire ?

Pas un instant. Weibo est une plateforme publique. Il m'arrive souvent, en temps normal, d'y publier des notes et d'y faire circuler des textes que j'ai appréciés. C'est un de mes lecteurs qui, le premier, a rassemblé mes textes et leur a donné le titre de « Journal de Fang Fang ». Comme j'écrivais un texte chaque jour, je ne me suis pas opposée à cette formulation.

Wuhan occupe une place centrale dans votre travail. L'épidémie a-t-elle modifié votre rapport à cette ville ?

Je vis à Wuhan depuis soixante-trois ans. J'ai des sentiments profonds pour cette ville où j'ai passé presque toute ma vie. Pendant l'épidémie, j'apprenais sans cesse que certains de mes amis ou connaissances étaient soit malades soit morts, c'était vraiment dur. Mais mon amour pour ce lieu n'a pas changé à cause de la pandémie. C'est ma relation avec de nombreux Wuhanais qui, elle, a changé. Davantage de personnes m'apprécient, parce que, à un moment de grande anxiété, mon journal a, je crois, apaisé leurs angoisses et leur désarroi. Ou du moins, mes mots les ont aidés à ressentir moins fortement la pression. Mais il y a aussi des gens qui me détestent, ils sont de deux sortes. Ceux qui ont manqué à leur devoir et pour lesquels j'appelle à ce qu'une enquête judiciaire soit ouverte. Et ceux qui n'ont pas lu mon journal. Ces derniers n'ont fait qu'écouter les rumeurs selon lesquelles j'avais écrit beaucoup de choses négatives, que je fournissais des munitions aux pays occidentaux hostiles à la Chine, et que non seulement je dénigrais mon pays dans mon journal mais que je le publiais à l'étranger. Alors, se croyant bons patriotes, ils me prennent pour une « traîtresse ». Les premiers sont de mauvaises personnes, les seconds sont stupides.

Les réseaux sociaux vous ont apporté des millions de lecteurs. Cette relation directe a-t-elle changé votre vision de la littérature ?

Je savais, avant d'écrire mon journal, que la littérature peut donner de la force. Mais ce n'est qu'après l'avoir rédigé que j'ai réellement ressenti le pouvoir des mots. Quand j'ai su que des dizaines de millions de personnes veillaient jusque tard dans la nuit pour lire ce billet. Cela m'a beaucoup surprise et un peu inquiétée. Je n'avais jamais vécu une telle expérience.

Est-ce cela qui vous a incitée à poursuivre ?

Ça et une autre raison. Au début, mes billets ont été censurés et comme je vous le disais, j'ai été très attaquée par les ultranationalistes. Alors, sous le coup de la colère, j'ai tenu à m'exprimer.

C'était risqué. Comment voyez-vous le rôle des écrivains dans la Chine d'aujourd'hui ?

Je n'ai jamais pensé que les écrivains avaient un rôle à jouer dans la société. À travers l'écriture, c'est plus leur propre monde intérieur qu'ils livrent. Une fois publiées, leurs œuvres appartiennent à la société, mais eux ne restent toujours qu'eux-mêmes. Ils n'ont pas besoin d'endosser tel ou tel rôle.

Vous dites avoir accordé trop de confiance au gouvernement. Chacun pensait, dites-vous, que les autorités ne pouvaient pas être aussi irresponsables. D'une façon générale, comment ce rapport au pouvoir a-t-il évolué chez les Chinois ? Une défiance a-t-elle émergé ?

Accorder sa confiance au gouvernement est une habitude pour les Chinois. C'est même une tradition qui s'est formée au fil d'innombrables années et qu'on ne peut modifier en claquant des doigts. Ceci dit, en cas de catastrophe naturelle ou de pandémie, on n'a guère d'autre option que de faire confiance. C'est ce qui s'est passé. Certes, les personnes qui pensent par elles-mêmes n'en ont pas moins remis en question beaucoup de choses. Malheureusement, plutôt que de les écouter, les gens ont préféré, pour la plupart, continuer de faire confiance au pouvoir alors même qu'il lui arrive souvent de maquiller la réalité.

Vous racontez avoir ressenti lors des premiers jours du confinement un sentiment d'incertitude que vous n'aviez jamais éprouvé

auparavant. Ce sentiment est-il dissipé à présent ?

Non, les incertitudes persistent. En Chine, les ultranationalistes, qui sont très nombreux, m'insultent depuis plusieurs mois sur les réseaux sociaux, appelant sans cesse les autorités à prononcer contre moi des sanctions sévères – ils demandent notamment que je sois privée de ma pension de retraite. Ces gens tirent leur force de leur nombre. Leur méthode consiste à inciter le public mal informé à attaquer et injurier tous ceux dont le point de vue diffère du leur et à influer ainsi sur l'opinion publique, de manière à faire pression sur les autorités. Ces dernières vont souvent dans leur sens, à la fois pour préserver la stabilité, et parce que beaucoup de responsables politiques préfèrent être taxés de gauchistes que de droitistes. Si bien qu'aujourd'hui, je reste sous la menace de sanctions, sans savoir quelle forme elles pourraient prendre. Ce qui est certain, c'est qu'aucune maison d'édition n'ose plus publier mes livres, y compris les plus anciens. Je n'ai pas peur car je sais exactement d'où vient le problème. Ce que je ressens, c'est seulement de la colère.

Croyez-vous en un « avant » et un « après »-Covid ?

Ces notions d'avant et d'après ne peuvent pas être appliquées à la société chinoise. Absolument pas. Prenez l'image d'une machine qui aurait cessé de fonctionner. Une fois changées les pièces cassées, la machine recommence à fonctionner, tout redevient comme avant. Depuis quarante ans, la Chine est entrée dans une ère de réformes et d'ouverture. Les dix premières années, nous avons lentement débarrassé nos cerveaux des idées préconçues qu'on y avait implantées, et nous nous sommes appliqués à rattraper la civilisation de notre temps. Mais les gens ont passé ces dix dernières années à extraire de leur cerveau les nouvelles façons de penser qui y avaient germé grâce au climat de réformes et d'ouverture, pour y réinsérer les vieilles idées. Il va nous falloir du temps pour nous en débarrasser une nouvelle fois. Cependant, pour moi, il y a bien un avant et un après-Covid. À cause de mon journal, j'ai été placée sur la liste des « forces hostiles », tandis que les ultranationalistes dirigeaient contre moi la haine d'un nombre incalculable de gens, m'accusant d'avoir trahi ma patrie. Presque tous les ouvrages me concernant ou mentionnant mon nom ont été censurés. Je ne peux plus faire paraître d'articles dans les grands journaux, ni publier mes livres.

À ma connaissance, les autorités ne se sont pas prononcées officiellement à mon sujet, mais le courant ultranationaliste est puissant, et beaucoup de responsables politiques en sont proches. À leurs yeux, je suis une dissidente.

La catastrophe du Covid a-t-elle changé des choses importantes en Chine ?

Je ne crois pas. Un vieux dicton ne dit-il pas : « Même mort, le mille-pattes peut remuer encore longtemps » ? En Chine, la tendance à l'œuvre actuellement est un retour aux valeurs du passé. Elle s'appuie sur une base populaire solide. Après la Révolution culturelle, rien n'a été fait pour procéder à une remise en question de la période que l'on venait de traverser, ni pour établir des responsabilités. Jamais aucun manuel d'histoire n'a enseigné aux jeunes en quoi avaient consisté les mouvements politiques de cette période et de celle qui l'avait précédée. Les modes de pensée de cette époque resurgissent aujourd'hui, mais comme toute une partie de la jeunesse chinoise ne connaît pas l'histoire de son pays, elle n'a pas les moyens de comprendre le présent à la lumière du passé, si bien qu'elle est facilement manipulable par les grands slogans des partisans de la Révolution culturelle. Tel est le contexte actuel, et il ne serait pas étonnant qu'il se produise en Chine une nouvelle révolution culturelle, dont la principale force sera peut-être précisément ces jeunes qui ont grandi à l'époque de la politique de réformes et d'ouverture. Ce serait vraiment affligeant. Mais pour revenir à la question, je ne crois pas que cette épidémie ait changé quoi que ce soit dans la façon de voir de tous ces gens. Si la Chine ne continue pas dans la voie de la réforme et de l'ouverture, aucun changement ne pourra advenir. Vu le chemin que nous prenons, s'il y a des changements, la plupart seront de l'ordre du recul, aussi bien sur le plan politique qu'économique.

L'Occident s'interroge sur les marchés d'animaux sauvages. Qu'en pensez-vous ?

Cette question s'adresse aux experts. En tant que romancière, je suis incapable de juger si le virus est parti ou non du marché d'animaux sauvages de Wuhan et comment il s'est propagé. Ce que je sais c'est que nous avons effectivement perdu du temps, ce qui a entraîné la propagation de l'épidémie, la mise en quarantaine de la ville, et la propagation du virus.

La crise a exacerbé le sentiment de méfiance occidentale à l'égard de la Chine. L'avez-vous ressenti ?

Je n'ai accès qu'aux sites Internet chinois, si bien qu'il m'est difficile de me faire une idée correcte de la situation à l'étranger. Les nouvelles qui me parviennent ne sont jamais de première main. S'il est certain que les autorités ont tardé à réagir à Wuhan au début de l'épidémie, le fait qu'on ne savait rien de ce virus lui a aussi permis de se propager comme il l'a fait. De leur côté, les pays occidentaux ont été informés que ce virus faisait des ravages à Wuhan. Pourtant, alors qu'ils pouvaient se référer à cette situation et qu'ils ont bénéficié d'assez de temps pour s'organiser et se protéger, ils ne sont pas parvenus à empêcher l'épidémie de les atteindre et de provoquer une grave crise. C'est pourquoi invoquer ce virus pour déclarer que la Chine n'est pas digne de confiance me semble exagéré. S'il n'y avait pas eu d'épidémie en Chine, les pays occidentaux lui feraient-ils plus confiance ? Difficile à dire. Cette méfiance entre pays a toujours existé, elle provient de la divergence de leurs intérêts et de leurs valeurs. Même des pays occidentaux partageant les mêmes valeurs, ou deux camps qui s'affrontent au sein d'un même pays occidental, développeront une certaine méfiance l'un envers l'autre. Confiance et méfiance sont des notions très versatiles, et il me semble vraiment difficile de dire si cette crise a renforcé l'une ou l'autre entre les pays.

La censure est presque un personnage à part entière de votre journal. Votre compte Weibo a été suspendu. Aviez-vous l'impression d'avoir fait un acte politique en le rédigeant ?

En Chine, ceux que l'on appelle les « administrateurs de site Internet » comprennent beaucoup de monde, et ces gens-là entretiennent d'innombrables liens avec les ultranationalistes. Certains de ces « modérateurs » sont peut-être eux-mêmes membres de ce courant extrémiste. Aussi, quand on leur confie la tâche de supprimer des posts, il n'est pas difficile de saisir les critères qui présideront aux choix qu'ils feront. Pour moi, écrire ce journal n'avait rien de politique. La critique et la censure en revanche sont des actes politiques.

On trouve dans vos pages de saisissants récits d'égoïsme…

L'égoïsme est une attitude instinctive chez l'homme. En période d'épidémie, on peut réprouver ce genre d'attitude, mais on peut aussi parfois le comprendre. Je pense à cette « femme au gong », devenue célèbre à Wuhan. Pour sauver sa mère, elle est sortie sur son balcon et a appelé au secours en tapant sur une casserole. Peut-être en a-t-elle fait un peu trop car, à ce moment-là, des hôpitaux de campagne avaient déjà ouvert à Wuhan. Mais il fallait faire la queue. En faisant tout ce raffut, elle a attiré l'attention et sa mère a pu être hospitalisée et soignée aussitôt. Cette femme a eu une attitude égoïste : après tout, ceux devant qui elles sont passées, elle et sa mère, ont dû patienter plus longtemps pour se faire soigner. Mais comme c'était pour sauver sa mère, les gens se sont montrés compréhensifs.

On trouve aussi de magnifiques témoignages de dévouement. Vous évoquez les balayeurs consciencieux qui nettoient une ville que plus personne ne traverse. Qu'avez-vous le plus admiré pendant cette crise ?

Je ne dirais pas qu'il s'agit d'admiration. J'ai surtout été touchée. Car tous ces gens, en particulier les agents d'entretien, ont un travail difficile. Ils ne peuvent pas se permettre de s'arrêter un jour ou deux, ou, s'ils le font, ils ne sont pas payés, tout simplement. Alors ils vont travailler quelles que soient les circonstances, même s'il leur faut prendre des risques. Ils ne le font pas seulement par sens du devoir : travailler est pour eux une question de subsistance. Beaucoup de gens connaissent cette pression : s'ils ne travaillent pas, c'est toute leur vie qui menace de s'écrouler. C'est pourquoi, épidémie ou non, ils doivent faire face.

Vous écrivez à propos de la classe ouvrière qu'elle vous procure une sensation étrange de sécurité. D'où cela vient-il ?

Encore une fois, ces gens doivent prendre des risques pour subsister. Rien ne semble leur faire peur. Bien sûr, ils font cela parce qu'ils y sont contraints. Mais cela demande du courage. Ils savent qu'ils n'ont pas d'autre choix, alors ils font face avec beaucoup de calme. C'est cela qui m'émeut.

Pouvez-vous nous parler de votre jeunesse pendant la Révolution culturelle ?

L'année où la Révolution culturelle a commencé, en 1966, j'étais en quatrième année à l'école primaire. J'ai fait toute ma scolarité durant la Révolution culturelle. Le slogan à l'époque était : « Les affaires d'État sont les plus importantes même si elles semblent aussi insignifiantes que la pointe d'une aiguille ; les affaires personnelles ne sont pas grand-chose même si elles paraissent énormes comme le ciel. » Le concept de l'individu n'existait pas.

Pendant la Révolution culturelle, en quoi consistait votre travail ?

Je travaillais comme manutentionnaire. C'était un travail très dur. Je devais me lever vers cinq heures tous les matins, et j'avais une heure de trajet en bus, avec deux changements. Nous étions payés à la pièce et non à l'heure. Autrement dit, il fallait accomplir une certaine quantité de travail chaque jour : plus tôt on avait terminé, plus tôt on pouvait rentrer chez soi. Inversement, tant qu'on n'avait pas fini, il fallait continuer. Mon travail consistait à transporter à l'épaule de grands sacs, à tirer des chariots, toutes sortes de travaux physiques dans ce genre. Je suis plutôt petite, je n'ai pas beaucoup de force, et ce travail, très physique, était particulièrement difficile pour moi, je n'avais jamais été habituée à faire des travaux de force. Quand l'examen d'entrée à l'université a été rétabli, après la Révolution culturelle, je me suis dit que ça pouvait être un tournant dans ma vie. J'ai passé l'examen et j'ai été admise à l'université de Wuhan. C'est pendant mes années d'étudiante que j'ai commencé à écrire. Et je me suis prise de passion pour le roman.

Le grand rêve de votre père était de vous voir entrer à l'université. Cet idéal était-il courant à l'époque ?

Son rêve était de nous permettre à tous les quatre, à mes trois frères et à moi-même, d'entrer à l'université. Il savait que dans une famille de lettrés traditionnels comme la nôtre, nous ne pouvions accomplir notre destin qu'en faisant des études. À l'époque, rares étaient ceux qui avaient ce genre d'idéal dans la mesure où très peu allaient à l'université. Par ailleurs, être un ouvrier, un paysan ou un soldat était très prestigieux. Dans ces années-là beaucoup voulaient être soldats, parce qu'être un soldat était ce qui était le plus glorieux, même mes frères aînés et moi voulions être soldats. Désormais c'est différent, toutes les familles veulent que leurs enfants fassent des études supérieures.

On trouve, dans *Wuhan, ville close*, des références à l'époque impériale et la manière dont les fonctionnaires de l'Empire géraient les crises. Pensez-vous que votre familiarité avec l'histoire chinoise vous a permis de mieux comprendre ce qui s'est passé ?

Souvent dans l'histoire de la Chine, on peut voir que, lorsqu'un fonctionnaire local ne se montrait pas à la hauteur de ses responsabilités, il s'exposait à des sanctions très lourdes. Les fonctionnaires locaux ont pour mission de protéger le territoire et la population dont ils ont la charge. S'ils n'y parviennent pas, et que le territoire ou la population qui dépendent d'eux subissent des préjudices, ils doivent naturellement en assumer la responsabilité, cela relève du bon sens. Malheureusement, aujourd'hui, les responsables politiques sont dénués de bon sens, et ils n'éprouvent jamais de sentiment de culpabilité. Seul la politique leur importe, ils ne se soucient de rien d'autre.

Aujourd'hui, c'est à la jeune génération de porter un certain nombre de fardeaux transmis par les générations précédentes : le dérèglement climatique, les dérives de la mondialisation, et, maintenant, le Covid-19 et ses conséquences

socio-économiques. Quels espoirs mettez-vous dans cette génération ?

Ma crainte, comme je le disais, c'est que les jeunes Chinois d'aujourd'hui n'ont pas connu les mouvements politiques successifs de l'histoire de la Chine. Ni les difficultés initiales de la politique de réformes et d'ouverture, ni ce qui s'est passé dans l'histoire moderne. Aucun manuel scolaire n'en fait état. Ils profitent donc des résultats de la politique d'ouverture, en ne voyant que les meilleures années de l'histoire du pays. Aussi sont-ils très confiants. Simplement, derrière cette confiance, il y a toute l'ignorance de leur passé. Leur confiance repose sur un sentiment creux. À un certain moment, ils comprendront que le monde n'est pas toujours aussi digne d'éloges qu'il y paraît.

Comment voyez-vous le rôle de l'éducation en Chine aujourd'hui ? Et celui des médias ?

L'éducation doit remplir trois fonctions. Premièrement, apprendre à lire ; deuxièmement, maîtriser les connaissances spécialisées de manière progressive, et, troisièmement, former des individus sains de corps et d'esprit. La première des fonctions est parfaitement remplie. Après la fondation de la Nouvelle Chine en 1949, l'éducation universelle a permis à beaucoup d'apprendre à lire. L'analphabétisme est désormais très rare. C'est assez remarquable. La deuxième fonction est à peu près respectée : bien que la méthode soit rigide, les connaissances de base des étudiants chinois sont relativement solides. En revanche, la troisième fonction est très insuffisante. On peut même dire que c'est un échec. L'éducation nous a appris de nombreux dogmes politiques vides, mais pas à être un homme ou une femme, et encore moins à aimer. Autrefois, l'éducation traditionnelle chinoise, presque depuis l'âge de l'apprentissage de la langue, transmettait le « sens de l'humanité » comme valeur fondamentale. Après la Révolution culturelle, la culture traditionnelle a été complètement détruite, sans qu'aucun nouveau concept éducatif ne soit proposé. Les jugements de valeur des gens ne reposent sur rien de clair. C'est regrettable. Quant aux médias, nous nous demandons souvent s'ils existent en Chine. S'ils sont dominés par le mensonge, les louanges des dirigeants et l'auto-glorification, peut-on encore parler de médias ?

Et les réseaux sociaux ?

Je soutiens la vulgarisation des nouvelles technologies. La commodité qu'elles apportent à chacun est inimaginable. Bien sûr, comme n'importe quel outil, elles peuvent faire le mal autant que le bien. L'important est de savoir comment les utiliser.

Justement, beaucoup d'Occidentaux pensent que prospère aujourd'hui en Chine une néo-dictature fondée sur la surveillance et le contrôle digital des citoyens. Grâce aux nouvelles technologies, la Chine surveille son peuple et peut-être, demain le monde, pour le remodeler à son image. Pensez-vous que les démocraties occidentales ont du souci à se faire ?

... (pas de réponse).

Vous parlez dans votre journal de « nettoyer les toxines qui ont farci votre cerveau », depuis l'adolescence jusqu'à l'université. Quelles toxines devraient selon vous être effacées aujourd'hui de l'esprit de vos compatriotes ?

La politique ne doit pas l'emporter sur toutes les autres considérations. On ne peut tout juger selon des critères politiques.

Vous soulignez que la Chine n'a pas tiré les leçons du SRAS en 2003. Pensez-vous qu'elle soit mieux armée pour le faire aujourd'hui ? Que voudriez-vous qu'il reste de cette crise ?

J'aimerais que les hommes comprennent qu'ils ne peuvent plus se permettre d'être aussi arrogants et de mépriser la vie minuscule. Il a suffi d'un virus invisible pour plonger le monde entier dans ce chaos profond. Le grand problème c'est que l'humain est incapable de tirer des leçons du passé, que ce soit maintenant ou à n'importe quelle autre occasion.

On pense à ce proverbe « lumineux » que l'on prête à Confucius : « L'expérience est comme une lanterne que l'on porte sur le dos. Elle n'éclaire jamais que le chemin parcouru. »

En effet. Je ne pense pas que nous tirions la moindre leçon de cette crise.

De quoi avez-vous peur aujourd'hui ?

Je le répète, j'ai peur qu'une nouvelle révolution culturelle n'éclate en Chine. Je crains aussi de ne plus pouvoir continuer à y vivre. Les ultranationalistes et les cyber-voyous me persécutent de même que d'autres intellectuels et artistes, et leurs méthodes sont plus sordides et plus ignobles qu'elles ne l'étaient au siècle dernier. Je crains d'être forcée de quitter mon pays et de devoir vivre en exil.

Traduit du chinois
par Geneviève Imbot-Bichet
et Frédéric Dalléas

Women Now for Development : en défense de la dignité et de la révolte

Il vous semblera peut-être étrange que je commence mon propos sur Women Now for Development par une anecdote personnelle. Ce n'est pas ainsi qu'on procède dans ce genre de circonstances, où il est de bon ton de s'en tenir à des considérations factuelles. Pour moi, cependant, le personnel et le politique sont étroitement imbriqués. J'ai toujours été fascinée par la possibilité, au plus noir de la tragédie et de la sauvagerie humaines, d'envoyer un message chargé malgré tout d'une touche d'optimisme : oui, il y a une petite lueur au bout du tunnel.

Au début de ma vie, j'étais révoltée contre la société, dont je me considérais comme une paria. J'ai fui toutes les formes de traditions, mue par un idéal de liberté et de renversement de ma servitude. Cette servitude effrayante qu'ont connue tant de femmes révoltées du monde arabe, et qui s'additionne à la servitude politique, qui touche, celle-là, à la fois les hommes et les femmes. Le prix à payer a été très lourd. Cela se passait au milieu des années 1980. La révolte contre les traditions et leur hypocrisie, et aussi contre le deux poids deux mesures imposé par les règles sociales, a toujours été au centre de ma réflexion. Lorsqu'il s'agissait d'envisager une révolution politique plus globale, j'estimais que nous devions prêter attention au réservoir de souffrance que nous avions emmagasinée dans notre âme.

En 2011, la Révolution a commencé. J'étais à un stade où j'avais développé une multitude de centres d'intérêt littéraires, et j'étais forte de la certitude d'être tout à fait à ma place dans cet endroit que Virginia Woolf a appelé « la chambre intime de l'humain ». Je travaillais sans relâche à mon objectif personnel, qui était de vivre dans la dignité – une dignité qu'avaient attendue tous les Syriens.

Je ne rêvais alors que de voguer dans ce monde sublime qu'incarnait pour moi l'« écriture romanesque », et de remporter ma bataille personnelle pour vivre comme une femme indépendante, libre et digne. Il ne me serait jamais venu à l'esprit, même dans mes pires cauchemars, que je serais contrainte de renoncer à ce rêve personnel face aux bûchers qu'on avait allumés à mon intention. J'étais cette sorcière du Moyen Âge poursuivie par les tribunaux de l'Inquisition, cette sorcière qu'on tente de brûler vive mais qui parvient à survivre à tout coup.

Quoi qu'il en soit, j'étais convaincue que nous pouvions être des femmes indépendantes, agissant et écrivant en dehors des frontières de la domination traditionnelle, qu'elle fût culturelle, religieuse ou sociale. Nous pouvions être responsables de nos actes et de nos choix sans que, d'une part, on jette sur nous un regard voyeuriste – souvent le premier pas vers la violation des corps –, ni, d'autre part, qu'on disqualifie notre aptitude intellectuelle et créative. Là encore, j'entrevoyais une petite lueur qui me disait de persévérer.

Dans cette bataille, qui était la mienne mais aussi celle des femmes d'hier, d'aujourd'hui et de demain, ma préoccupation n'était certes pas de me préserver des divers bûchers préparés pour moi, puisque je m'y étais déjà brûlée sans succomber. Non, ce que je me disais, c'est qu'il y avait des filles qui allaient grandir et devenir des femmes, et qui, peut-être, au bout de longues années, voudraient savoir comment se terminait mon histoire. Oui, la romancière en moi, celle qui se protégeait derrière la puissance de l'imagination, m'a défendue. Et parce que la littérature est une force prodigieuse, elle m'a toujours protégée, moi qui, pourtant, avais tenu à me défaire, en pleine connaissance de cause, de toutes les formes de protection attachées à la servitude.

Pourquoi Women Now for Development ?

En 2012, alors que je croyais encore possible mon retour définitif en Syrie en passant par les frontières nord, je me suis rendu compte que ce que nous pouvions faire de mieux pour honorer cet idéal de révolution, c'était travailler à partir du cœur souterrain des structures sociales. Pour cela, il nous fallait trouver un cadre organisationnel éloigné des institutions politiques traditionnelles. Le choix que nous avons fait a été de ménager aux gens une liberté de manœuvre en nous organisant au sein de la société civile.

Ma principale motivation pour retourner en Syrie, en dehors du sentiment de culpabilité dont souffrent la plupart de ceux qui ont quitté le pays, et ont été sauvés sans être sauvés complètement, c'était de devenir partie intégrante de la réalité vécue par les Syriens, et la conviction que l'intellectuel a de multiples rôles à jouer. En vérité, je ne suis pas vraiment une adepte de l'art pour l'art, et, dans l'un des renfoncements de mon éclectisme, se niche cette partie de moi qui croit dur comme fer à l'efficacité de l'action individuelle. C'est armée de ces considérations que j'ai fondé officiellement cette ONG en juin 2012.

Entre 2012 à 2013, nous avons accompli un travail incroyable. La violence était alors omniprésente, et c'est là qu'est née en moi la vision d'un projet alternatif d'aide à la société civile. En pratique, il s'agissait de créer un centre d'accueil pour les femmes, en identifiant les personnes les plus fragilisées et les plus discriminées. Pour ce faire, je suis partie en reconnaissance dans certaines zones qui échappaient au contrôle du régime Assad dans la campagne autour d'Idlib, les mêmes zones qui, par la suite, seraient conquises par les groupes paramilitaires djihadistes. À l'époque, je cherchais à comprendre ce qui se passait et écrire à ce sujet ; c'est là-bas, à partir de cette expérience de terrain, qu'est née l'idée de ces centres.

J'ai parcouru les villages aux environs d'Idlib et j'ai rencontré des femmes. Une sorte de carte commençait à se dessiner dans mon esprit avec les réseaux qu'on pouvait particulièrement activer, et aussi les capacités et initiatives individuelles et locales sur lesquelles on pourrait s'appuyer pour les transformer en travail collectif. C'était une manière de rassembler la géographie syrienne, en accord avec l'idée que je m'étais toujours faite d'une Syrie unifiée, grâce au rassemblement de femmes issues de diverses régions, confessions et classes sociales. Nous avons alors formé de larges groupes de travail pour chercher des moyens d'atténuer la violence énorme subie par les gens du fait des bombardements et de la destruction. J'ai rédigé un projet que j'ai envoyé à un certain nombre d'acteurs et d'actrices opérant de l'intérieur de la Syrie, afin que nous commencions à le mettre en œuvre sur place. L'idée était de travailler en priorité sur la Ghouta autour de Damas et dans la campagne d'Idlib.

L'association Women Now for Development a commencé par des cœurs et des esprits syriens, sur une base entièrement bénévole, mais, par la suite, elle a obtenu son premier financement grâce à une petite somme que j'avais touchée pour un prix littéraire. J'œuvrais pour l'association sur un strict pied d'égalité avec les autres femmes, nous réfléchissions ensemble et options pour la meilleure décision après en avoir débattu avec l'équipe présente sur le terrain. Les décisions remontaient du bas vers le haut puis se poursuivaient par un dialogue émaillé de divergences et de désaccords.

Nous étions toutes passionnées et avions le sang chaud, c'était une activité éprouvante mais nous restions positives, puisant notre énergie dans le courage des femmes présentes et leur résistance sur le terrain. Nous traversions avec elles les catastrophes qu'elles subissaient : déplacements forcés, bombardements, arrestations, tortures, exil, camps de refugiés. Ce faisant, nous avions choisi de ne pas nous opposer de front aux traditions de la société, c'était aussi un combat à mener mais, pour celui-ci, nous savions que le chemin était encore long.

Nous avions plutôt décidé de construire une relation de confiance et d'offrir des services à la société civile. Nos programmes étaient élaborés en fonction des besoins et des propositions qui nous remontaient des femmes concernées elles-mêmes. L'un de nos principaux objectifs était d'inciter les femmes et les jeunes filles à construire une relation directe avec leur environnement local, que ce soit à l'intérieur du territoire syrien ou dans les camps de réfugiés situés dans les pays environnants, comme au Liban.

Après avoir étudié avec ces femmes les particularités de leur région et ses caractéristiques sociales, nous mettions en place les projets. Ce mode de fonctionnement était indispensable dans le cadre de notre vision stratégique, fondée sur l'échange démocratique, et nous étions déterminées à donner la priorité aux initiatives locales des femmes, afin de créer chez elles un espace de créativité intellectuelle et culturelle. Élément très important, ces centres étaient tous reliés les uns aux autres, ce qui leur conférait une dimension nationale.

En matière de protection des femmes, nous avons conçu des programmes exceptionnels de soutien psychologique, et des moyens pour protéger les femmes et les jeunes filles contre toutes les formes de violence. Nous avons élaboré un autre guide de formation, à partir de notre propre expérience et de notre vision du soutien nécessaire à apporter aux femmes en temps de guerre, que nous allons mettre à disposition des institutions intéressées. Ce guide comporte notamment une section consacrée à la notion de refuge pour les femmes ainsi qu'au soutien psychologique à apporter non seulement aux femmes mais aussi aux enfants.

Dans le domaine de la responsabilisation (« *empowerment* ») économique, nous nous sommes employées à mettre en place des cadres de développement humain. J'ai en tête un exemple récent qui a eu lieu dans l'une de nos zones de travail, à savoir la campagne d'Idlib. Là, nous avons formé et diplômé 180 femmes qui ont réussi à obtenir des emplois en l'espace d'une année seulement, ce qui leur a permis de gagner une indépendance économique et une liberté de vie plus grande, alors qu'elles étaient issues de régions rurales soumises à l'emprise des groupes djihadistes tout en étant exposées dans le même temps à des bombardements.

Dans une autre région, à savoir la Ghouta près de Damas, nous avons recensé les femmes les plus pauvres et les plus marginalisées afin de lancer avec elles des microprojets économiques. En cours de route, nous en avons soutenu certaines chez qui nous avions repéré des capacités de gestion, de sorte qu'elles ont pu par la suite piloter leurs projets de manière indépendante

– ce qui ne nous a pas empêchées de demeurer à leurs côtés pour les accompagner jusqu'à ce qu'elles deviennent entièrement autonomes. Elles sont ainsi devenues pionnières en tant qu'entrepreneuses.

La responsabilisation politique et la formation de femmes leaders ont toujours été au cœur de notre programme. Dans ce but, nous avons élaboré un autre guide de formation s'appuyant sur notre expérience de terrain en plus de la responsabilisation économique qui en est également une condition. Cela s'est révélé difficile à plusieurs niveaux, du fait du contexte de guerre mais aussi de la discrimination dont les femmes ont fait l'objet de tout temps, de sorte que nous nous sommes heurtées à des défis terribles.

Nous avons œuvré avec les femmes à un projet d'histoire orale et avons soutenu la campagne « Familles pour la liberté », en coopération avec d'autres organisations. Dans le prolongement de cette action, nous avons lancé un projet de soutien aux femmes qui avaient été exilées de force en Europe ou bien dans les pays d'accueil de la région, voire déplacées à l'intérieur même du territoire syrien, y compris en offrant notre appui aux initiatives féminines apparues indépendamment de nous.

De la même façon, certaines des femmes qui avaient suivi une formation chez nous ont voulu, par la suite, mettre en place des initiatives indépendantes, et nous les avons soutenues et aidées à ouvrir leurs propres centres. On peut ainsi se réjouir du fait que l'association Women Now for Development soit devenue une plate-forme capable de générer des collectifs féminins d'émancipation autres que les siens.

Dans le domaine culturel, en plus de créer une bibliothèque dans chaque centre, nous avons projeté des films et lancé des cycles d'alphabétisation afin de diffuser la lecture et l'écriture, mais aussi l'informatique, et nous avons créé des centres internet spécialement dédiés aux femmes, sachant que la société interdit la mixité des hommes et des femmes dans certaines régions. De même, nous avons ouvert dans chaque centre une crèche pour prendre en charge les enfants.

Dernièrement, nous nous efforçons de développer nos sections et programmes consacrés à la recherche sur le genre et sur les droits de l'homme. De jeunes chercheuses s'emploient à rassembler les données qui nous intéressent, et nous ambitionnons également de produire davantage d'études et de créer des centres de recherche et d'archivage, avec également des ateliers destinés à former des chercheuses et des chercheurs.

En dépit des violents bouleversements sociaux que nous vivons actuellement, nous sommes toujours déterminées à poursuivre notre tâche et à œuvrer au changement des mentalités. Ce projet rencontre d'énormes résistances, mais ce que nous savons avec certitude, c'est que nous avons ouvert une brèche, et que continuerons, inlassablement, et sans nous en laisser dissuader, notre projet de donner aux femmes une voix et des droits, en particulier le droit de se révolter, et d'obtenir réparation et justice.

SAMAR YAZBEK

Traduit de l'arabe (Syrie) par Khaled Osman

REMERCIEMENTS

Nous remercions les six femmes qui ont bien voulu répondre à nos questions et accepté qu'une partie des bénéfices de ce livre soient reversés à l'ONG Women Now for Development. Nous remercions tout particulièrement également Juliette Guéron-Gabrielle pour son aide enthousiaste et si précieuse tout au long de ce projet.

JULIETTE HIRSCH et FLORENCE NOIVILLE

SOMMAIRE

AVANT-PROPOS 11

MAYANA ZATZ 21
MELINDA GATES 45
ESTHER DUFLO 69
GODELIEVE MUKASARASI 95
ISABELLE AUTISSIER 123
FANG FANG 147
Présentation de l'association
Women Now For Development 173

REMERCIEMENTS 185

Cet ouvrage a été composé
par PCA
et achevé d'imprimer en France
par CPI BRODARD & TAUPIN (72200 La Flèche)
pour le compte des Éditions Stock
21, rue du Montparnasse, 75006 Paris
en octobre 2020

Stock s'engage pour l'environnement en réduisant l'empreinte carbone de ses livres Celle de cet exemplaire est de :
350 g éq. CO_2
Rendez-vous sur www.editions-stock-durable.fr

PAPIER À BASE DE FIBRES CERTIFIÉES

Imprimé en France

Dépôt légal : novembre 2020
N° d'édition : 01 - N° d'impression : 3040164
83-07-4569/5